解けば絶対にスコアが上がる
厳選問題180問

TOEIC® TEST
英単語・熟語

TARGET 600

はじめに

　この本は、TOEICで600点をめざす初級者や大学生の方々が基礎単語力を増強するための1冊です。すべてPart 5の形式で、TOEICの問題を解く臨場感をもって、単語学習を進めることができます。

　問題数はぜんぶで180問用意されていますが、正解のほか、誤答も重要語で構成されていますので、180問×4選択肢＝720語の単語をマスターすることができます。

　TOEICでは、リスニング・リーディングという英語の運用力が求められますが、運用力のベースになるのは知識（単語・文法）です。この知識のうち、文法については日本の学習者は中学・高校を通してかなりしっかり身につけているので、TOEICに必要なものは十分と言えます。

　一方、単語の知識はどうでしょうか。TOEICはビジネス英語の色濃いテストなので、ビジネスでよく使われる単語・表現が出ますが、これらには学校で学んでいないものが数多くあります。また、受験を終えて英語から遠ざかっている人は中高の重要語で忘れてしまっているものもあることでしょう。

　スコアが400点未満〜600点のゾーンの人は、単語力が不十分なために運用力が十全に発揮できないことが少なくありません。逆の言い方をすれば、単語力を補強すれば、運用力もうまく循環して、

スコアアップが図れるということです。

　①中高の重要語でTOEICでも頻出のものを復習する、②TOEICに特徴的なビジネスの言葉を覚える——この2つが初級学習者のテーマとなります。

　本書は、左ページに問題、右ページに解答・解説という見開きの構成をとっています。解答・解説のページには、選択肢のすべての単語を頻出単語としてリストにし、発音記号・意味を表示しています。この部分をミニ単語集として利用することもできます。また、正解の語については、類義語や派生語、単語の豆知識、TOEICにおける傾向などを紹介しています。

　問題の音声、頻出単語リストの英単語と意味の音声はダウンロードして利用できるようになっています。詳細は10ページをごらんください。

　本書は「400点レベル」→「500点レベル」→「600点レベル」と3段階で構成されているので、やさしい問題から順次ステップアップできます。特に600点レベルには、TOEICに特徴的なやや難しい単語も数多く入れ込んであります。しっかり問題にチャレンジして、覚えていきましょう。

　ぜひ本書を上手に活用して、600点突破をめざしてください。

著者

TOEIC TEST 英単語・熟語 TARGET 600
CONTENTS

はじめに ･･････････････････････････････････････ 2
単語力増強の３つのポイント ････････････････････ 6
本書の使い方 ･･････････････････････････････････ 8
音声ダウンロードのしかた ･･････････････････････ 10

Chapter 1　400点レベル ････････ 11
動詞　Q1〜12 ･･････････････････････････････ 12
形容詞・副詞　Q13〜24 ････････････････････ 24
名詞　Q25〜36 ････････････････････････････ 36
ビジネス・生活語　Q37〜48 ････････････････ 48
イディオム　Q49〜60 ･･････････････････････ 60

Chapter 2　500点レベル ････････ 73
動詞　Q1〜12 ･･････････････････････････････ 74
形容詞・副詞　Q13〜24 ････････････････････ 86
名詞　Q25〜36 ････････････････････････････ 98
ビジネス・生活語　Q37〜48 ････････････････ 110
イディオム　Q49〜60 ･･････････････････････ 122

Chapter 3　600点レベル　……… 135

　動詞　Q1〜12 ……… 136
　形容詞・副詞　Q13〜24 ……… 148
　名詞　Q25〜36 ……… 160
　ビジネス・生活語　Q37〜48 ……… 172
　イディオム　Q49〜60 ……… 184

巻末さくいん ……… 198

コラム　TOEIC英単語のヒント
　①Part 1は特別な単語が使われる ……… 72
　②Part 5の品詞識別は語尾に注目！ ……… 134
　③こんなビジネス語がよく使われる ……… 196

[品詞の記号]　他 他動詞　自 自動詞
　　　　　　　形 形容詞　副 副詞　名 名詞

単語力増強の3つのポイント

　TOEICで600点をめざす学習者の方は、まず身につけるべき単語がどんなものかを知ることが大切です。目標を明確にして、無駄のない単語学習を進めましょう。

POINT 1　中学・高校の基本語を復習する

　中学・高校あるいは受験で学習した基本語はTOEICにもよく出ます。こうした基本語は、TOEICにかぎらずどんなジャンルでも共通して使われるからです（図参照）。本書の問題には中高の基本語も組み込んでいますので、問題を解きながらおさらいをすることができます。

　また、基本語の中には、ビジネスにおいて、一般的な意味と異なる意味で使われるものがあります。こうした単語はビジネスシーンでの用法を知っておくことが大切です。

	（一般／学校）	（TOEIC/ビジネス）
run	走る	運営する
ship	船	発送する
input	インプット；入力	意見
return	帰る	返品する

POINT 2　ビジネス語をプラスする

　TOEICでスコアが伸びない理由の1つにビジネス語の学習が不足していることが考えられます。例えば、Part 5の問題文はビジネスの書き言葉です。ビジネス語で知らないものが出てくると、読むのに時間がか

かったり、文法問題でも解きにくかったりするものです。Part 7 では、知らない単語が多いと、読むスピードや精度が落ちます。

したがって、初級学習者の方は、図で示したビジネス基本語を積み上げる必要があります。ビジネス語というと難しそうですが、TOEIC ではオフィスでよく使う基礎的なものしか出ません。業界の専門用語や難しい経済・金融用語などは不要です。

ひとまず200語くらいのビジネス語を覚えておくだけでも、TOEIC がぐっと解きやすくなるでしょう。また、ビジネス語はビジネスシーンの具体的なモノ・事・行為を指すので、イメージが明確で比較的簡単に覚えられます。

courier	宅配便［業者］	itinerary	旅行日程表
employ	採用する	assign	（仕事などを）割り当てる

POINT 3　イディオムは絞って覚える

イディオム（熟語）については必要なものに絞って覚えるのがポイントです。TOEIC には国際的なビジネスシーンでよく使うイディオムしか出ません。その理由は、ノンネイティブ（非英語話者）にとっては、星の数ほどある動詞句、英米の文化と関連の深い慣用表現などはイメージしづらく、使いにくいので、ビジネスの場ではあまり使わない傾向があるからです。

覚える必要があるものは限られていて、また中高で学習したものともかなり重複します。選択と集中で効率的にマスターしましょう。

put off	〜を延期する	take over	（仕事などを）引き継ぐ
due to	〜が原因で	in charge of	〜を担当して

本書の使い方

2 時間を意識しよう

試験を意識した問題演習をしたい方は「目標時間」を目安に解いてみましょう。

1 問題を解こう

左ページには問題が掲載されています。全部で180問で、400点・500点・600点の3つのレベルそれぞれ60問ずつです。TOEICのPart 5の問題形式です。

＊本書はPart 5形式ですが、単語を増強するための問題として作成されており、Part 5そのものではありません。

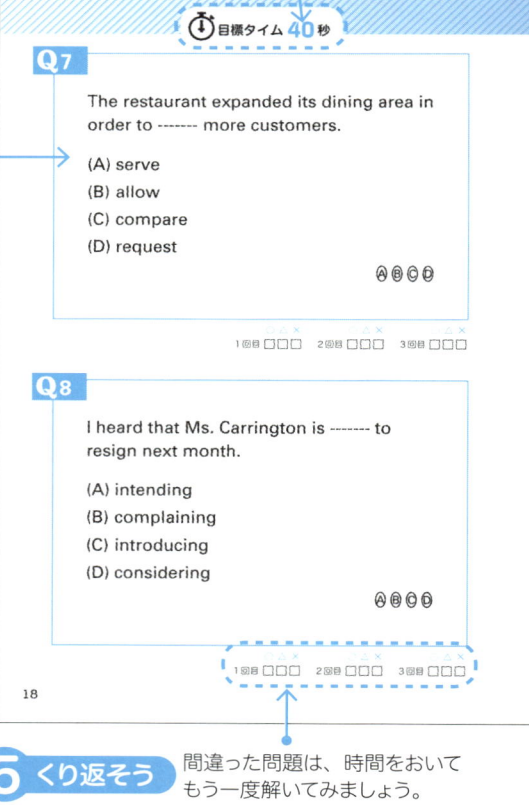

⏱ 目標タイム 40 秒

Q7

The restaurant expanded its dining area in order to ------- more customers.

(A) serve
(B) allow
(C) compare
(D) request

Ⓐ Ⓑ Ⓒ Ⓓ

1回目 □□□　2回目 □□□　3回目 □□□

Q8

I heard that Ms. Carrington is ------- to resign next month.

(A) intending
(B) complaining
(C) introducing
(D) considering

Ⓐ Ⓑ Ⓒ Ⓓ

1回目 □□□　2回目 □□□　3回目 □□□

5 くり返そう

間違った問題は、時間をおいてもう一度解いてみましょう。

本書は、見開き2ページで2問ずつ完結していくレイアウトを採用しています。忙しい社会人や学生の皆さんが、スキマ時間を利用して効率的に学習できるように設計されています。

3 答え合わせをしよう

問題を解いたら、右ページの「解答プロセス」で問題の解き方と正解を確認しましょう。解き方が2つのSTEPでわかりやすく紹介されています。正解の単語については、ワンポイントの解説が加えられています。

400点レベル

Q7 解答プロセス

STEP 1 「さらに多くの顧客に〜するために（in order to ------- more customers）食事スペースを拡張した」という文脈。

STEP 2 customers との結びつきからも (A) serve（[食事を] 提供する）が正解。

(!) serve は service の動詞で「役立つ」という意味。レストランで使えば「（飲食物を）提供する」。serve ten years as CEO なら「CEOとして10年間勤める」。

訳 そのレストランは、さらに多くの顧客に食事を提供するために食事スペースを拡張した。　　**正解 (A)**

頻出単語
- (A) **serve** [sə́ːrv] 他（飲食物を）提供する；役に立つ；勤務する
- (B) **allow** [əláu] 他許す；可能にする
- (C) **compare** [kəmpéər] 他比べる　compare A with B (AをBと比較する)
- (D) **request** [rikwést] 他頼む；要請する　图要請

Q8 解答プロセス

STEP 1 resign next month は「来月、辞任する」という未来のことなので、is ------- to の部分で未来を表現しなければならない。

STEP 2 候補は (A) intending か (D) considering だが、consider は不定詞を続けられないので、(A) が正解となる。

(!) 〈intend to do〉（〜するつもりだ）の形でよく使おう。名詞は intention（意図、意志）、形容詞は intentional（意図的な）。

訳 キャリントンさんは来月、辞職するつもりだと聞きました。　　**正解 (A)**

頻出単語
- (A) **intend** [inténd] 他〜するつもりである；〜を意図する
- (B) **complain** [kəmpléin] 自文句を言う・クレームをつける (about 〜)
- (C) **introduce** [ìntrədjúːs] 他紹介する；導入する
- (D) **consider** [kənsídər] 他考える；配慮する

4 頻出単語を覚えよう

頻出単語リストでは、すべての選択肢の単語の品詞（動詞は自動詞と他動詞の表示）・発音記号・意味を紹介しています。どれもTOEIC に出る重要語です。覚えるまで何度も復習しておきましょう。

⬇音声ダウンロードのしかた

❶ パソコン、タブレット端末、スマートフォンからインターネットで専用サイトにアクセスします。

　Jリサーチ出版のホームページから『TOEIC TEST 英単語・熟語 TARGET 600』の表紙画像を探してクリックするか、下記の URL を入力してください。

http://www.jresearch-onsei.jp/eitangojukugo_target600.zip

❷ 【音声ダウンロード】というアイコンをクリックしてください。

❸ クリックすると、ダウンロードを開始します。

❹ ファイルの解凍、再生

　音声ファイルは「ZIP 形式」に圧縮された形でダウンロードされます。圧縮を解凍し、デジタルオーディオ機器でご利用ください。

(ご注意!)

音声ファイルの形式は「MP3」です。再生には MP3 ファイルを再生できる機器が必要です。ご使用の機器等に関するご質問は、使用機器のメーカーにお願いいたします。また、本サービスは予告なく終了されることがあります。

Chapter 1

400点レベル
基本語をチェックしよう

- 動詞 …………………… 12
- 形容詞・副詞 …………… 24
- 名詞 …………………… 36
- ビジネス・生活語 ……… 48
- イディオム ……………… 60

目標タイム **40** 秒

Q1

Do you mind if I ------- your conversation?

(A) offer
(B) add
(C) hold
(D) join

Q2

I'd like to ------- a twin room for Saturday, April 12.

(A) fit
(B) spend
(C) book
(D) own

400点レベル

Q1 解答プロセス

STEP 1 Do you mind if 〜 ? は「〜していいかどうか」と許可を求めるフレーズ。その後に「あなたたちの会話に〜」と続く。

STEP 2 「会話に加わってもいいですか」と許可を求める文だと予測がつく。慣用的な結びつきからも (D) join が最適。

> join は「(会話や仲間に) 加わる」という意味で、日常会話でよく使う。Why don't you join us for lunch?(私たちと一緒にランチに行かない?)

訳 私も話に加わっていいですか。

正解 (D)

頻出単語

- (A) **offer** [ɔ́:fər] 他 提供する;(謝意などを) 示す
- (B) **add** [ǽd] 他 付け加える;言い添える
- (C) **hold** [hóuld] 他 もっている;保持する;(会議などを) 開催する
  hold a meeting (会議を開催する)
- (D) **join** [dʒɔ́in] 他 参加する;(人の輪に) 加わる;結合する

Q2 解答プロセス

STEP 1 空所の後は a twin room。その後に日付が続くので、これはホテルの「ツインルーム」だとわかる。

STEP 2 (C) book には「予約する」の意味があるので、これを選ぶ。

> 動詞では reserve の意味でよく使う。fully booked で「予約がいっぱいの」、overbooked で「予約超過の」。

訳 4月12日の土曜日にツインの部屋を予約したいのですが。

正解 (C)

頻出単語

- (A) **fit** [fít] 他 自 ぴったり合う;適合する
  These jeans fit me. (このジーンズは私にぴったりだ)
- (B) **spend** [spénd] 他 (時間・お金を) 使う・費やす
- (C) **book** [búk] 他 予約する
- (D) **own** [óun] 他 所有する

Q3

This message is to ------- you that we have received your application.

(A) enter
(B) inform
(C) accept
(D) welcome

Ⓐ Ⓑ Ⓒ Ⓓ

Q4

Sandra is the one who ------- the day-to-day operations around here.

(A) lasts
(B) costs
(C) runs
(D) wears

Ⓐ Ⓑ Ⓒ Ⓓ

400点レベル

Q3 解答プロセス

STEP 1 主語は This message で、「このメッセージはあなたに that 以下を〜するためのものだ」という内容。

STEP 2 message がすることなので、(B) inform（知らせる）が最適。

> 〈inform 人 of 〜〉〈inform 人 that 〜〉で「〜ということを人に知らせる」。名詞は information（情報）。形容詞の informative（情報が役立つ）は TOEIC の重要語。

訳 このメッセージは私どもがあなたの願書を受理したことをお知らせするためのものです。

正解 (B)

頻出単語

- (A) **enter** [éntər] 他 入る；（会などに）加入する
  enter college（大学に入学する）
- (B) **inform** [infɔ́:rm] 他 知らせる；伝える
- (C) **accept** [æksépt] 他 受け取る；受け入れる
- (D) **welcome** [wélkəm] 他 歓迎する；喜んで受け入れる

Q4 解答プロセス

STEP 1 the day-to-day operations は「日々の運営」という意味。operations と相性のいい動詞を探す。

STEP 2 run は他動詞として「管理する；運営する」の意味があるので、(C) が正解。

> run a small business（小さな会社を経営する）のように、manage と同様の意味で使える。

訳 サンドラはここで日々の運営を統括する責任者です。

正解 (C)

頻出単語

- (A) **last** [lǽst] 自 継続する；持続する
  The surgery lasted for three hours.（手術は3時間続いた）
- (B) **cost** [kɔ́:st] 他 （費用が）かかる；必要とする
  It cost over $100.（100ドル以上かかった）
- (C) **run** [rʌ́n] 他 管理する；運営する 自 走る；流れる
- (D) **wear** [wéər] 他 身につけている；着ている 自 すり切れる

Q5

The assistant ------- for someone to meet the client at the airport.

(A) received
(B) noted
(C) meant
(D) arranged

Ⓐ Ⓑ Ⓒ Ⓓ

Q6

All passengers who are seated in business class may ------- the airplane now.

(A) board
(B) leave
(C) set
(D) cross

Ⓐ Ⓑ Ⓒ Ⓓ

400点レベル

Q5 解答プロセス

STEP 1 「だれかが空港でクライアントに会うように〜した」という文脈。

STEP 2 「予定を組んだ」という意味の動詞が必要と考えられるので、(D) arranged（手配した）を選ぶ。

> 自動詞・他動詞の両方で使える。自動詞で使うときには arrange for a hotel（ホテルを手配する）など前置詞 for を使う。設問は〈arrange for 人 to do〉（人が do するよう手配する）の形。

訳 だれかが空港でクライアントを出迎えられるようにアシスタントが手配した。

正解 (D)

頻出単語

- □ (A) **receive** [risíːv] 他 受け取る；（注目などを）集める
- □ (B) **note** [nóut] 他 注目する；言及する
  Please note that 〜（〜に注目してください）
- □ (C) **mean** [míːn] 他 意味する；（〜のつもりで）言う
- □ (D) **arrange** [əréindʒ] 他 整える；手配する 自 手配する（for 〜）

Q6 解答プロセス

STEP 1 the airplane が空所の動詞の目的語。また、主語は All passengers（すべての乗客）である。

STEP 2 乗客が飛行機にどうするかを考えれば (A) board（搭乗する）が正解とわかる。

> 動詞では「交通機関に乗る」という意味でよく使う。a boarding pass は「（飛行機の）搭乗券」。

訳 ビジネスクラスの乗客の皆様は全員、ただいま飛行機にご搭乗いただけます。

正解 (A)

頻出単語

- □ (A) **board** [bɔ́ːrd] 他 自 乗り込む
- □ (B) **leave** [líːv] 他 〜を去る；〜を置いていく；任せる
  Leave it to me.（私に任せてください） 自 〜に向かう（for 〜）
- □ (C) **set** [sét] 他 置く；配置する；確立する
- □ (D) **cross** [krɔ́ːs] 他 横切る；渡る；不機嫌にさせる
  cross the border（国境を越える）

Q7

The restaurant expanded its dining area in order to ------- more customers.

(A) serve
(B) allow
(C) compare
(D) request

Ⓐ Ⓑ Ⓒ Ⓓ

Q8

I heard that Ms. Carrington is ------- to resign next month.

(A) intending
(B) complaining
(C) introducing
(D) considering

Ⓐ Ⓑ Ⓒ Ⓓ

400点レベル

Q7 解答プロセス

STEP 1 「さらに多くの顧客に～するために (in order to ------- more customers) 食事スペースを拡張した」という文脈。

STEP 2 customers との結びつきからも (A) serve ([食事を] 提供する) が正解。

> serve は service の動詞で「役立つ」という意味。レストランで使えば「(飲食物を) 提供する」。serve ten years as CEO なら「CEOとして10年間勤める」。

訳 そのレストランは、さらに多くの顧客に食事を提供するために食事スペースを拡張した。

正解 (A)

頻出単語

- (A) **serve** [sə́ːrv] 他 (飲食物を) 提供する；役に立つ；勤務する
- (B) **allow** [əláu] 他 許す；可能にする
- (C) **compare** [kəmpéər] 他 比べる　compare A with B (AをBと比較する)
- (D) **request** [rikwést] 他 頼む；要請する 名 要請

Q8 解答プロセス

STEP 1 resign next month は「来月、辞任する」という未来のことなので、is ------- to の部分で未来を表現しなければならない。

STEP 2 候補は (A) intending か (D) considering だが、consider は不定詞を続けられないので、(A) が正解となる。

> 〈intend to do〉(～するつもりだ) の形でよく使う。名詞は intention (意図；意志)、形容詞は intentional (意図的な)。

訳 キャリントンさんは来月、辞職するつもりだと聞きました。

正解 (A)

頻出単語

- (A) **intend** [inténd] 他 ～するつもりである；～を意図する
- (B) **complain** [kəmpléin] 自 文句を言う・クレームをつける (about ～)
- (C) **introduce** [ìntrədjúːs] 他 紹介する；導入する
- (D) **consider** [kənsídər] 他 考える；配慮する

目標タイム **40** 秒

Q9

Mr. Granger was unable to ------- the deadline and asked for an extension.

(A) solve
(B) meet
(C) agree
(D) require

Ⓐ Ⓑ Ⓒ Ⓓ

Q10

Our company is able to ------- potential customers through social media outlets.

(A) reach
(B) promise
(C) order
(D) express

Ⓐ Ⓑ Ⓒ Ⓓ

• outlet　媒体；サイト

400点レベル

Q9 解答プロセス

STEP 1 deadline は「納期；締め切り」という意味。

STEP 2 deadline を目的語にとる動詞としては、「(納期・約束を) 守る」という意味のある (B) meet が適切。

> meet には「(必要などに) 応じる」の用法があり、TOEIC に頻出。meet a requirement (要件を満たす)

訳 グレンジャーさんは納期を守れずに、延期を要請した。

正解 (B)

頻出単語

- (A) **solve** [sálv] 他 解決する；解明する
  solve a problem (問題を解決する)
- (B) **meet** [míːt] 他 (必要などに) 応じる；会う；遭遇する
- (C) **agree** [əgríː] 自 同意する (with 〜, to 〜, upon 〜)
- (D) **require** [rikwáiər] 他 必要とする
  require O to do (O に do することを求める)

Q10 解答プロセス

STEP 1 potential customers は「見込み客」の意味で、会社はソーシャルメディア・サイトを通じて見込み客にどうするのか。

STEP 2 (A) reach は「〜に達する→〜に影響を与える」の意味があるので、これが正解。他動詞として使うことに注意。

> 他動詞として直接、目的語をとれる。reach an agreement (合意に達する)。自動詞としては reach for a book (本に手を伸ばす) のように使える。

訳 当社はソーシャルメディア・サイトを使って見込み客にアプローチできる。

正解 (A)

頻出単語

- (A) **reach** [ríːtʃ] 他 達する 自 〜に手を伸ばす (for 〜)
- (B) **promise** [prámǝs] 他 約束する
- (C) **order** [ɔ́ːrdər] 他 注文する；命令する
- (D) **express** [iksprés] 他 表現する；示す

Q11

The project was cancelled because we were ------- the tools needed to complete it.

(A) failing
(B) remaining
(C) canceling
(D) lacking

Q12

The doctor will decide if Sam should be ------- into the hospital.

(A) covered
(B) admitted
(C) followed
(D) occupied

400点レベル

Q11 解答プロセス

STEP 1 主節は「プロジェクトは中止になった」。その理由が because 以下の「それを完遂するのに必要な手段が〜ので」。

STEP 2 「欠いていた」とすべきなので、(D) lacking を選ぶ。

> 自動詞で使う場合には前置詞は in や for を使う。lack in resources（資材が足りない）。lack は名詞も同形。

訳 完遂するのに必要な手段がなかったので、そのプロジェクトは中止になった。

正解 (D)

頻出単語

- (A) **fail** [féil] 自 失敗する；〜しそこなう　fail to do（〜しそこなう）
- (B) **remain** [riméin] 自 〜のままである；残っている
  He remained silent.（彼は黙ったままだった）
- (C) **cancel** [kǽnsəl] 他 取り消す；キャンセルする
- (D) **lack** [lǽk] 他 〜を欠く　自 不足する（for 〜, in 〜）

Q12 解答プロセス

STEP 1 受け身で使って、into the hospital にうまくつながる動詞は何かを考える。

STEP 2 (B) の admit には「入ることを認める」の意味があるので、「病院への収容が認められる→入院する」となり文意が通る。

> 〈admit that 〜〉〈admit doing〉の形もとれる。名詞は admittance（入場などの許可）、admission（入場；入院；入場料）。admission は TOEIC で「入場料」の意味でよく出る。

訳 サムが入院すべきかどうか、医者が決めるだろう。

正解 (B)

頻出単語

- (A) **cover** [kʌ́vər] 他 覆う；（話題などを）扱う；（保険が）カバーする
  cover damages（損害を補償する）
- (B) **admit** [ədmít] 他 認める；入ることを認める
- (C) **follow** [fálou] 他 〜についていく；続く
- (D) **occupy** [ákjəpài] 他 占める；居住する

Q13

Ms. Wang is not ------- with the project so please brief her.

(A) familiar
(B) true
(C) enough
(D) proud

Ⓐ Ⓑ Ⓒ Ⓓ

• brief （簡単に）説明する

Q14

The NGO's ------- fundraising drive will begin on Friday afternoon.

(A) annual
(B) polite
(C) able
(D) certain

Ⓐ Ⓑ Ⓒ Ⓓ

• fundraising drive　資金集め運動

400点レベル

Q13 解答プロセス

STEP 1 後半は「彼女にそれを説明してあげてください」の意味。つまり、彼女はそれ（プロジェクト）をよく知らないと推測できる。not があるので「よく知っている」の意味の形容詞を選べばいい。

STEP 2 familiar with で「〜をよく知っている」の意味なので、(A) が正解。

> 〈人 is familiar with モノ〉（人がモノを熟知している）、〈モノ is familiar to 人〉（モノが人によく知られている）のどちらでも使える。前置詞に注意。

訳 ワンさんはそのプロジェクトをよく知らないので、彼女に説明してあげてください。

正解 (A)

頻出単語

- (A) **familiar** [fəmíljər] 形 よく知られている（to 〜）；よく知っている（with 〜）
- (B) **true** [trúː] 形 本当の；真実の　come true（実現する）
- (C) **enough** [inʌ́f] 形 十分な　副 十分に
- (D) **proud** [práud] 形 誇りに思う　be proud of（〜を誇りに思う）

Q14 解答プロセス

STEP 1 fundraising drive は「資金集めの運動」。「NGOの〜の資金集めの運動が金曜の午後に始まる」という文脈。

STEP 2 (A) annual（年1回の）だけが fundraising drive を修飾できて、文脈にも合う。

> an annual budget なら「年間予算」。類義語は yearly。副詞は annually（年に一度；毎年）。

訳 そのNGOの年1回の資金集めの運動は、金曜日の午後に始まる。

正解 (A)

頻出単語

- (A) **annual** [ǽnjuəl] 形 年1回の；毎年の；1年間の
- (B) **polite** [pəláit] 形 丁寧な；洗練された
- (C) **able** [éibl] 形 〜できる（to do）；有能な
  an able editor（優秀な編集者）
- (D) **certain** [sə́ːrtən] 形 確信している；例の；いくらかの
  a certain sum of cash（いくらかの現金）

Q15

Our company is the ------- maker of electronic parts and components.

(A) regular
(B) various
(C) leading
(D) former

Ⓐ Ⓑ Ⓒ Ⓓ

Q16

Please let us know when it would be ------- for you to meet with us.

(A) common
(B) convenient
(C) confident
(D) clear

Ⓐ Ⓑ Ⓒ Ⓓ

400点レベル

Q15 解答プロセス

STEP 1 「当社は電子部品の〜メーカーです」という会社を紹介する文である。ポジティブな意味の形容詞が入ると予測できる。

STEP 2 ポジティブな意味で、maker とうまくつながるのは (C) leading（トップの）である。

> 動詞の lead（先頭を行く）の形容詞形。a leading role で「主役」、a leading indicator で「（経済の）先行指標」。

訳 当社は電子部品のトップメーカーです。

正解 (C)

頻出単語

- (A) **regular** [régjələr] 形 規則的な；定期的な
- (B) **various** [véəriəs] 形 さまざまな；多様な
- (C) **leading** [líːdiŋ] 形 主要な；トップの
- (D) **former** [fɔ́ːrmər] 形 前の；かつての
  her former boyfriend（彼女の元カレ）

Q16 解答プロセス

STEP 1 「私たちと会うのに〜なときを教えてください」と、相手の都合を聞く文である。

STEP 2 (B) convenient は「都合がいい」の意味なので、これがぴったり。

> convenient は人を主語にはできないので注意。名詞は convenience（便利さ；便宜）で、反意語の inconvenience（不都合）はビジネスではクレームに対応する場面でよく使う。

訳 私たちと会うのにいつがご都合がいいかを教えてください。

正解 (B)

頻出単語

- (A) **common** [kάmən] 形 普通の；一般的な
- (B) **convenient** [kənvíːniənt] 形 便利な
- (C) **confident** [kάnfidənt] 形 自信のある
- (D) **clear** [klíər] 形 明らかな；透明な；よく晴れた

目標タイム **40** 秒

Q17

I am ------- now and can start the position immediately.

(A) capable
(B) terrible
(C) favorable
(D) available

Ⓐ Ⓑ Ⓒ Ⓓ

Q18

The last marketing campaign was a ------- boost for sales.

(A) huge
(B) calm
(C) still
(D) past

Ⓐ Ⓑ Ⓒ Ⓓ

● boost　増加

400点レベル

Q17 解答プロセス

STEP 1 文の後半は「その仕事をすぐに始めることができる」。したがって、前半では「仕事ができる状態にある」ことを表現しなければならない。

STEP 2 (D) available には「(体が)空いている」の意味があるので、これが正解となる。

> 商品を主語にすれば「在庫がある;手に入る」の意味。口語では「恋人募集中の」の意味でも使う。

訳 私は現在空いておりますので、その仕事をすぐに始めることができます。

正解 (D)

頻出単語

- (A) **capable** [kéipəbəl] 形 〜できる(of 〜);能力のある
- (B) **terrible** [térəbəl] 形 ひどい;猛烈な
- (C) **favorable** [féivərəbəl] 形 好意的な;好都合な
  favorable reviews(好意的な批評)
- (D) **available** [əvéiləbəl] 形 (体が)空いている;利用可能な

Q18 解答プロセス

STEP 1 boost は「増加;増大」の意味で、これを修飾できる形容詞を探す。

STEP 2 (A) huge は「莫大な」という意味で、数量も形容できるので、これが正解となる。

> 「きわめて大きい」ことを表す。モノ、数量、抽象的なものまで形容できる。a huge mistake(大間違い)。類義語は enormous。

訳 直近の販売促進キャンペーンは売り上げを大きく押し上げた。

正解 (A)

頻出単語

- (A) **huge** [hjú:dʒ] 形 莫大な;巨大な
- (B) **calm** [ká:m] 形 落ち着いた;穏やかな　keep calm(冷静さを保つ)
- (C) **still** [stíl] 形 静かな;静止した　a still night(静かな夜)
  副 まだ;それでも
- (D) **past** [pǽst] 形 過去の;先の
  for the past seven years(過去7年間)

Q19

The machine isn't working because the compressor is ------- broken.

(A) probably
(B) recently
(C) quickly
(D) timely

Ⓐ Ⓑ Ⓒ Ⓓ

• compressor
　コンプレッサー；圧縮機

Q20

We were encouraged by the news that the economy is showing signs of recovery -------.

(A) lately
(B) hardly
(C) rarely
(D) carefully

Ⓐ Ⓑ Ⓒ Ⓓ

400点レベル

Q19 解答プロセス

STEP 1 主節は「機械が作動しない」。because 以下でその理由を「コンプレッサーが〜壊れているから」と説明している。

STEP 2 probably (おそらく) を選べば、「おそらくコンプレッサーが壊れているから」と断定を避ける文意になる。(A) が正解。

> probably は「十中八九」くらいの意味で、perhaps や maybe より確度が高い。意味的には no doubt などが近い。

訳 その機械が作動しないのは、おそらくコンプレッサーが壊れているからだ。

正解 (A)

頻出単語

- (A) **probably** [prάbəbli] 副 おそらく
- (B) **recently** [rí:səntli] 副 最近
- (C) **quickly** [kwíkli] 副 すぐに;急いで
- (D) **timely** [táimli] 形 タイミングのいい
  in a timely way (時宜を得たやり方で)

Q20 解答プロセス

STEP 1 that 節は「経済が〜回復 (recovery) の兆しを示している」。「そのニュースに私たちは励まされた」という文脈。

STEP 2 (B) hardly (ほとんど〜ない) や (C) rarely (めったに〜ない) では励まされず、(D) carefully (注意深く) は文脈に合わない。(A) lately (最近) を入れると文意が通るので、これが正解。

> late は形容詞で「遅れた;遅い」、副詞で「遅れて;遅く」、latest は形容詞で「最新の」。lately と似ているので、区別して覚えたい。

訳 経済が最近、回復の兆しを示しているというニュースに我々は励まされた。

正解 (A)

頻出単語

- (A) **lately** [léitli] 副 最近 (は)
- (B) **hardly** [hά:rdli] 副 ほとんど〜ない
- (C) **rarely** [réərli] 副 めったに〜ない
- (D) **carefully** [kéərfəli] 副 注意深く;慎重に

目標タイム **40** 秒

Q21

We ------- have inquiries from international clients about our line of products.

(A) nearly
(B) totally
(C) frequently
(D) exactly

Ⓐ Ⓑ Ⓒ Ⓓ

Q22

Mr. Seeler donated his ------- paycheck to his favorite charity.

(A) whole
(B) local
(C) general
(D) urgent

Ⓐ Ⓑ Ⓒ Ⓓ

• paycheck 給与

400点レベル

Q21 解答プロセス

STEP 1 全体の文意は「私たちは当社の製品ラインについて、海外の顧客から問い合わせを受けている」。

STEP 2 問い合わせを受ける様態を表す副詞として適当なのは (C) frequently（頻繁に）しかない。

> frequently は動作・行動が定期的・習慣的に行われることを示す。often が類義語。名詞は frequency（頻度）である。

訳 当社の製品ラインについて、頻繁に海外の顧客から問い合わせを受けています。

正解 (C)

頻出単語

- (A) **nearly** [níərli] 副 ほとんど；危うく～するところで
  I nearly missed the deadline.（危うく締め切りに間に合わないところだった）
- (B) **totally** [tóutəli] 副 完全に；すっかり
- (C) **frequently** [fríːkwəntli] 副 頻繁に
- (D) **exactly** [igzǽktli] 副 正確に

Q22 解答プロセス

STEP 1 donated his ------- paycheck は「彼の～の給与を寄付した」という意味。

STEP 2 給与を修飾するのに適当で、donated ともうまくつながるのは (A) whole（すべての）である。

> whole は名詞や副詞でも使う。as a whole（全体として）、a whole new way（まったく新しい方法）

訳 シーラーさんは給与のすべてを、支持している慈善事業に寄付した。

正解 (A)

頻出単語

- (A) **whole** [hóul] 形 全体の；全部の 名 全部 副 まったく
- (B) **local** [lóukəl] 形 地元の；(電車が) 各駅停車の
  a local bus service（地元のバス運行サービス）
- (C) **general** [dʒénərəl] 形 一般的な；総合的な
- (D) **urgent** [ə́ːrdʒənt] 形 緊急の　urgent surgery（緊急手術）

Q23

Mr. Wainright was the junior partner at his ------- firm but is the senior partner here.

(A) serious
(B) previous
(C) curious
(D) anxious

Ⓐ Ⓑ Ⓒ Ⓓ

Q24

The two mutual funds have ------- net assets so they performed equally as well in the market.

(A) free
(B) senior
(C) further
(D) similar

Ⓐ Ⓑ Ⓒ Ⓓ

- mutual funds　投資信託
- net assets　純資産

400点レベル

Q23 解答プロセス

STEP 1 but を介して、前後の the junior partner at his ------- firm と the senior partner here が対比されている。

STEP 2 here が「今の会社で」と推測できるので、at his ------- firm は「前の会社で」になるはず。ここから、(B) previous（以前の）が選べる。

⚠ prior が類義語。どちらも previous [prior] to ～ （～に先だって）の形で使える。反意語は following など。

訳 ウエインライトさんは前の会社ではジュニアパートナーだったが、ここではシニアパートナーだ。

正解 (B)

頻出単語

- (A) **serious** [síəriəs] 形 重大な；真剣な　serious injury（重傷）
- (B) **previous** [príːviəs] 形 前の；先の
- (C) **curious** [kjúəriəs] 形 好奇心が強い；珍しい
  be curious about（～に関心がある）
- (D) **anxious** [ǽŋkʃəs] 形 心配している (about ～)；切望している (for ～, to do)

Q24 解答プロセス

STEP 1 net assets は「純資産」で、これを修飾できる形容詞を探す。

STEP 2 自然な表現になるのは (D) similar（同様の）だけ。similar を入れると、後半の「市場でも同じように実績をあげた」ともうまくつながる。

⚠ similar to A（Aと似通った）の形も覚えておきたい。

訳 2つの投資信託は同様の純資産をもっていて、市場でも同じように実績をあげた。

正解 (D)

頻出単語

- (A) **free** [fríː] 形 自由な；無料の；時間の空いている
  Admission is free.（入場料は無料です）
- (B) **senior** [síːnjər] 形 年長の；地位が上の　senior to（～より年上の）
- (C) **further** [fə́ːrðər] 形 さらなる；それ以上の　副 さらに；もっと
- (D) **similar** [símələr] 形 似通った

Q25

Our institution was founded over ------- ago.

(A) an area
(B) a lot
(C) an average
(D) a decade

Q26

May I make an ------- to see Dr. Wilkes?

(A) aid
(B) award
(C) attitude
(D) appointment

400点レベル

Q25 解答プロセス

STEP 1 over a ------- ago は「〜以上前に」で、空所には時間を表す言葉が入ると予測できる。
STEP 2 (D) decade（10年）が正解。

> TOEIC では a decade と ten years の言い換えに注意。

訳 当団体は10年以上前に設立されました。

正解 (D)

頻出単語

- (A) **area** [έəriə] 名 地域；領域　a non-smoking area（禁煙区域）
- (B) **lot** [lάt] 名 土地；運命；くじ引き　a parking lot（駐車場）
- (C) **average** [ǽvəridʒ] 名 平均　on (the) average（平均して）
　　　　　　　　　　　　　　 形 平均の
- (D) **decade** [dékeid] 名 10年間

Q26 解答プロセス

STEP 1 to see 以下が「人に会う」という意味なので、「約束をする」という文脈になるとわかる。
STEP 2 make an appointment で「約束をする」なので、(D) が正解である。

> appointment は「人に会う約束」のこと。ホテルなどの「予約」は reservation を使う。また、appointment は仕事において「任命」や「任命された役職」の意味でも使う。

訳 ウィルクス先生との約束をとれますか。

正解 (D)

頻出単語

- (A) **aid** [éid] 名 援助；助け　first aid（応急手当）
- (B) **award** [əwɔ́ːrd] 名 賞　an award-winning author（受賞作家）
- (C) **attitude** [ǽtətjùːd] 名 態度；考え方
- (D) **appointment** [əpɔ́intmənt] 名 約束；任命；任命された役職

Q27

You may return merchandise for a full refund if you have a -------.

(A) price
(B) recipe
(C) product
(D) receipt

Ⓐ Ⓑ Ⓒ Ⓓ

Q28

The item is not in ------- but you may place a backorder.

(A) effort
(B) stock
(C) trust
(D) demand

Ⓐ Ⓑ Ⓒ Ⓓ

400点レベル

Q27 解答プロセス

STEP 1 主節は「商品を返品して全額返金してもらえる」。if 節はその条件で、何をもっていれば全額返金が可能かを考える。
STEP 2 (D) receipt（領収証）が正解。

> receipt は返品（return）や返金（refund）、交換（replacement）の場面でよく出る。「受領」の意味では、on receipt of ～（～を受け取り次第）という言い方を覚えておこう。

訳 領収書をお持ちでしたら、商品を返品いただければ全額返金させていただきます。

正解 (D)

頻出単語

- (A) **price** [práis] 图 価格；犠牲
- (B) **recipe** [résəpi] 图 調理法；秘訣
  a recipe for success（成功の秘訣）
- (C) **product** [prádʌkt] 图 製品
- (D) **receipt** [risíːt] 图 領収書；受領

Q28 解答プロセス

STEP 1 backorder は「取り寄せ注文」の意味で、後半は「取り寄せ注文できる」。つまり、not in ------- で「在庫がない」とすれば文意が通る。
STEP 2 (B) stock には「在庫」の意味があるので、これが正解。

> 「在庫」の意味では inventory が類義語。in stock で「在庫がある」、out of stock で「在庫切れの」。

訳 その商品は在庫を切らしておりますが、取り寄せ注文できます。

正解 (B)

頻出単語

- (A) **effort** [éfərt] 图 努力；苦労 make an effort（努力をする）
- (B) **stock** [stάk] 图 在庫；蓄え；株式
- (C) **trust** [trʌ́st] 图 信用；委託 動 信用する
- (D) **demand** [dimǽnd] 图 需要
  supply and demand（需要と供給）＊英語は順番が逆。

Q29

We hope you will give us a good ------- if we buy your product in bulk.

(A) risk
(B) rent
(C) rate
(D) reason

Ⓐ Ⓑ Ⓒ Ⓓ

Q30

We shouldn't remodel the office at this time because it is an added ------- that we don't need.

(A) expense
(B) sales
(C) furniture
(D) package

Ⓐ Ⓑ Ⓒ Ⓓ

400点レベル

Q29 解答プロセス

STEP 1 in bulk は「大量に；大口で」の意味。大口で購入する場合には、何を提供されるのか。

STEP 2 good との結びつきも考えれば、(C) rate（価格）を選んで、「よい価格→割引価格」とすればいい。

> rate は「値段」「比率」「速度」などさまざまな意味がある。「比率」の意味では exchange rate（為替レート）。「速度」の意味では heart rate（心拍数）。

訳 御社の製品を大口で購入する場合には、割引価格にしていただきたいのですが。

正解 (C)

頻出単語

- (A) **risk** [rísk] 名 危険；リスク
- (B) **rent** [rént] 名 家賃　for rent（貸しに出されている）
- (C) **rate** [réit] 名 値段；比率；速度
- (D) **reason** [ríːzən] 名 理由；道理；判断力

Q30 解答プロセス

STEP 1 主節は「今はオフィスの改装をしないほうがいい」。その理由を表す because 以下は「それは、必要ない追加の〜なので」。

STEP 2 (A) expense（経費）を入れるとオフィスを改装しない理由を表現できる。(C) furniture は it（オフィスを改装すること）とのつながりもおかしいし、不可算名詞（集合名詞）なので、an を付けられない。

> travel expenses で「旅費」、entertainment expenses で「交際費」。ビジネスで「経費」を表す単語は、cost、expenditure、outlay など。

訳 不要の追加経費がかかってしまうので、今はオフィスの改装をしないほうがいい。

正解 (A)

頻出単語

- (A) **expense** [ikspéns] 名 費用；経費
- (B) **sales** [séilz] 名 販売；売り上げ
- (C) **furniture** [fəːrnitʃər] 名 家具
- (D) **package** [pækidʒ] 名 包装；小包

Q31

I was involved in a car accident this morning but it was not my -------.

(A) fun
(B) fact
(C) fault
(D) force

Ⓐ Ⓑ Ⓒ Ⓓ

Q32

The high-profile actor's efforts have increased ------- for environmental causes.

(A) experience
(B) period
(C) attention
(D) community

Ⓐ Ⓑ Ⓒ Ⓓ

- environmental causes
  環境保護活動

400点レベル

Q31 解答プロセス

STEP 1 but の次の it は文前半の「自動車事故に巻き込まれた」ことを指す。
STEP 2 それが私の何でないと言っているのかを考えると、(C) fault（過失）が最適。

> 「欠点」という意味では defect、shortcoming などが、「過失」という意味では mistake や flaw などが類義語。

訳 私は今朝、自動車事故に巻き込まれましたが、それは私の過失ではありません。

正解 (C)

頻出単語

- (A) **fun** [fʌn] 名 楽しみ　have fun（楽しむ）
- (B) **fact** [fækt] 名 事実；現実
  facts and figures（詳細なデータ）
- (C) **fault** [fɔ́:lt] 名 欠点；過失
- (D) **force** [fɔ́:rs] 名 力；影響力；部隊
  a sales force（営業部隊）

Q32 解答プロセス

STEP 1 high-profile は「有名な」。「有名な俳優の努力のおかげで、環境保護活動への〜が高まった」という文脈。
STEP 2 (C) attention（関心）がこの文脈に合う。

> pay attention to で「〜に注意を払う」、draw one's attention で「〜の注意を引く」。Thank you for your attention.（ご静聴［ご配慮］いただきありがとうございます）は決まり文句。

訳 その有名な俳優の努力のおかげで、環境保護活動への関心が高まった。

正解 (C)

頻出単語

- (A) **experience** [ikspíəriəns] 名 経験
- (B) **period** [píəriəd] 名 期間
- (C) **attention** [əténʃən] 名 注意；関心；考慮
- (D) **community** [kəmjú:nəti] 名 地域社会；コミュニティ

目標タイム **40** 秒

Q33

Please fill out this ------- and send it back to the manufacturer by noon tomorrow.

(A) label
(B) range
(C) form
(D) date

Ⓐ Ⓑ Ⓒ Ⓓ

Q34

We covered every ------- of the agreement during the meeting.

(A) interview
(B) aspect
(C) relation
(D) message

Ⓐ Ⓑ Ⓒ Ⓓ

400点レベル

Q33 解答プロセス

STEP 1 fill out（記入する）の目的語としてふさわしいものは何か。
STEP 2 (C) form（書式；フォーム）がぴったり。fill out a form で覚えておきたい。

> 応募用紙やアンケート用紙のような、記入して完成させる書類のこと。an application form（申込用紙）

訳 この書式に記入して、明日の正午までに製造業者に送り返してください。

正解 (C)

頻出単語
- (A) **label** [léibəl] 图 ラベル；商標；呼称
- (B) **range** [réindʒ] 图 範囲；領域；品揃え　a range of ～（広範囲の～）
- (C) **form** [fɔ́ːrm] 图 書式；形態
- (D) **date** [déit] 图 日付；日取り；会う約束　date of birth（生年月日）

Q34 解答プロセス

STEP 1 during the meeting（会議で）とあるので、covered は「話題にした」という意味。
STEP 2 話題にしたものは、every ------- of the agreement（その契約のすべての～）なので、(B) aspect（側面）を入れると文意が通る。

> モノや概念の「特定の部分や特徴」を指し、ビジネスでもよく使う。類義語は feature や facet、angle など。

訳 我々は会議で、その契約のすべての面を話し合った。

正解 (B)

頻出単語
- (A) **interview** [íntərvjùː] 图 面接；インタビュー　interviewer（面接官）
- (B) **aspect** [ǽspekt] 图 側面；観点
- (C) **relation** [riléiʃən] 图 関係
- (D) **message** [mésidʒ] 图 メッセージ；伝言
  leave [take] a message（伝言を残す［受ける］）

Q35

Although I started out in a lower position at this company there is ------- for growth.

(A) room
(B) trend
(C) labor
(D) damage

Q36

Although we have different ------- about implementing the plan, I think we can make it work.

(A) views
(B) profits
(C) shelves
(D) goods

400点レベル

Q35 解答プロセス

STEP 1 there is ------- for growth から、成長のための何があるかを考える。従属節の「私はこの会社で低い職位から始めたが」もヒントになる。

STEP 2 (A) room には「部屋」のほかに「余地」の意味があるので、これを入れると「成長の余地」になり、文意が通る。

(!) room for ～で「～の余地」。この意味では capacity が類義語。room for compromise（妥協の余地）

訳 この会社では低い職位から始めたが、成長の余地はある。

正解 (A)

頻出単語

- □ (A) **room** [rúːm] 名 余地；空間；部屋
- □ (B) **trend** [trénd] 名 傾向；流行　an upward trend（上向きのトレンド）
- □ (C) **labor** [léibər] 名 労働；労働力　a labor union（労働組合）
- □ (D) **damage** [dǽmidʒ] 名 損害；被害

Q36 解答プロセス

STEP 1 implementing the plan は「その計画を実行すること」。そのことについて、私たちは異なった何を持っているのか。

STEP 2 (A) views には「見方；意見」の意味があるので、これが正解。

(!) in one's view（～の意見では）、in view of（～を考慮して）という表現も覚えておこう。

訳 その計画を実行することについて私たちは異なった意見を持っているが、うまくやることができると思う。

正解 (A)

頻出単語

- □ (A) **view** [vjúː] 名 意見；眺め；視界　他 眺める；みなす
- □ (B) **profit** [práfət] 名 利益　make a profit（利益を出す）
  自 利益を得る（from ～ , by ～）
- □ (C) **shelf** [ʃélf] 名 棚　fix a shelf（棚を取りつける）
- □ (D) **goods** [gúdz] 名 （通例、複数）商品

目標タイム **40** 秒

Q37

This new briefcase was really a ------- at 50 percent off.

(A) bargain
(B) contract
(C) debt
(D) prize

Ⓐ Ⓑ Ⓒ Ⓓ

Q38

The new start-up experienced a huge revenue dip last -------.

(A) balance
(B) quarter
(C) career
(D) statement

Ⓐ Ⓑ Ⓒ Ⓓ

• new start-up　新興企業

400点レベル

Q37 解答プロセス

STEP 1 空所は at 50 percent off の前にあるので、「50%割引」と関係する表現を選ぶ。

STEP 2 (A) bargain は「格安品」を表せるので、これが正解。

> at a bargain で「格安で」の意味。「契約」の意味では make a bargain with ～で「～と契約をする」。

訳 この新しいブリーフケースは 50%割引の格安品だった。

正解 (A)

頻出単語

- (A) **bargain** [bάːrgin] 名 格安品；契約
- (B) **contract** [kάntrækt] 名 契約（書）
  under contract（契約を結んでいる）
- (C) **debt** [dét] 名 借金；負債　in debt（借り入れをして）
- (D) **prize** [práiz] 名 賞；賞金

Q38 解答プロセス

STEP 1 a huge revenue dip（大幅な収入減）までで、「その新興企業は大幅な収入減に陥った」。last ------- は、副詞の要素である。

STEP 2 quarter は「四半期」の意味で、last quarter で「前四半期に」となるので、(B) が正解。

> quarter はビジネスでは決算の最短期間としてよく使う。quarterly は形容詞・副詞で「年4回（の）」。

訳 その新興企業は前四半期に大幅な収入減に陥った。

正解 (B)

頻出単語

- (A) **balance** [bǽləns] 名 残高；差額；均衡
  an outstanding balance（未払い残高）
- (B) **quarter** [kwɔ́ːrtər] 名 四半期；4分の1；地区
- (C) **career** [kəríər] 名 職業；経歴
- (D) **statement** [stéitmənt] 名 明細書；声明；申し立て
  a bank statement（銀行取引明細書）

Q39

Thank you for your kind ------- to your special event next week.

(A) campaign
(B) invitation
(C) conclusion
(D) promotion

Ⓐ Ⓑ Ⓒ Ⓓ

Q40

I suspended my newspaper ------- service for two weeks because I will be away.

(A) baggage
(B) delivery
(C) sightseeing
(D) maintenance

Ⓐ Ⓑ Ⓒ Ⓓ

400点レベル

Q39 解答プロセス

STEP 1 謝礼を述べている文だが、来週の特別イベントへの何に感謝しているのか。

STEP 2 (B) invitation（招待）がぴったりである。

> 「招待状」の意味では、a wedding invitation（結婚式への招待状）のように使える。動詞は invite（招待する）、形容詞は invitational（招待の）。

訳 来週の特別イベントへの心のこもったご招待に感謝いたします。

正解 (B)

頻出単語

- (A) **campaign** [kæmpéin] 名 宣伝活動；キャンペーン
  a sales campaign（販売キャンペーン）
- (B) **invitation** [ìnvitéiʃən] 名 招待（状）
- (C) **conclusion** [kənklúːʒən] 名 結論；結末
- (D) **promotion** [prəmóuʃən] 名 販売促進；（人事で）昇格
  a promotion to branch manager（支社長への昇格）

Q40 解答プロセス

STEP 1 新聞（newspaper）の何を止めた（suspended）のか。

STEP 2 for two weeks（2週間）もヒントになる。(B) delivery（配達）が正解である。

> 動詞は deliver（配達する）。荷物の出発サイドは shipment（発送；出荷）で、到着サイドは delivery（配達；引き渡し）で表す。

訳 私は留守にするので、2週間分の新聞の配達を止めた。

正解 (B)

頻出単語

- (A) **baggage** [bǽgidʒ] 名 荷物
  carry-on baggage（機内持ち込み手荷物）
- (B) **delivery** [dilívəri] 名 配達（品）
- (C) **sightseeing** [sáitsìːiŋ] 名 観光
  sightseeing spots（観光スポット）
- (D) **maintenance** [méintənəns] 名 保守；整備；維持

Q41

We had a very attentive ------- at our sales seminar yesterday.

(A) owner
(B) secretary
(C) passenger
(D) audience

Q42

This vending machine does not take bills so please use only small -------.

(A) change
(B) discount
(C) tip
(D) rest

• vending machine　自動販売機

400点レベル

Q41 解答プロセス

STEP 1 選択肢はすべて人。sales seminar（販売セミナー）に出るのはどんな人かを考える。セミナーの出席者は1人ではおかしいので、単数で集合的に多数の人々を表せることも条件。

STEP 2 (D) audience（聴衆；聴講者）がぴったり。

> 接頭辞の audi- は「聴くこと」という意味で、audience はセミナーの「聴衆」、音楽会の「観客」、ラジオ・テレビの「視聴者」など、聴くことに関わる人に使う。ちなみに、auditorium は「講堂；音楽堂」。

訳 昨日の私たちの販売セミナーで、聴講者は非常に熱心でした。

正解 (D)

頻出単語

- (A) **owner** [óunər] 名 所有者　a business owner（事業主）
- (B) **secretary** [sékrətèri] 名 秘書
- (C) **passenger** [pǽsindʒər] 名 乗客
- (D) **audience** [ɔ́:diəns] 名 聴衆；観衆；視聴者

Q42 解答プロセス

STEP 1 自動販売機は does not take bills（紙幣を受け付けない）とある。それに続いて、please use only small ------- と指示されている。small ------- で bills（紙幣）に対比される表現になると考える。

STEP 2 small change で「小銭；硬貨」の意味になるので、(A) が正解。

> change だけでも同じ意味。「つり銭」の意味もある。Here's your change.（はい、おつりですよ）はつり銭を渡すときの決まり文句。

訳 この自動販売機は紙幣を受け付けないので、硬貨だけを使うようにしてください。

正解 (A)

頻出単語

- (A) **change** [tʃéindʒ] 名 小銭；つり銭；変化
- (B) **discount** 名 [dískaunt] 割引　他 [´-, -´] 割引する；軽視する
- (C) **tip** [típ] 名 チップ；秘訣　useful tips（役に立つヒント）
- (D) **rest** [rést] 名 休憩；残りの部分　the rest of my life（私の余生）

Q43

Please note that we will shut down the ------- on Monday for maintenance.

(A) plant
(B) break
(C) meal
(D) drawer

Ⓐ Ⓑ Ⓒ Ⓓ

Q44

Our products are made of the finest imported ------- from around the globe.

(A) defects
(B) consumers
(C) materials
(D) exhibitions

Ⓐ Ⓑ Ⓒ Ⓓ

400点レベル

Q43 解答プロセス

STEP 1 shut down は「停止する」の意味で、この目的語に適したものを選ぶ。for maintenance（整備のために）もヒントになる。
STEP 2 (A) plant（工場）しか適当なものはない。

> plant は「工場」だが、「（観葉）植物」で使う可能性もあるので注意。「工場」は factory とも言う。

訳 月曜日は整備のために工場を停止することに注意してください。

正解 (A)

頻出単語

- (A) **plant** [plǽnt] 名 工場；植物
- (B) **break** [bréik] 名 休憩；決別　take a break（休憩する）
- (C) **meal** [míːl] 名 食事　Enjoy your meal.（食事をお楽しみください）
- (D) **drawer** [drɔ́ːər] 名 引き出し
  the bottom drawer（一番下の引き出し）

Q44 解答プロセス

STEP 1 are made of で「〜で作られている」。製品がどんなもので作られているかを考える。
STEP 2 (C) materials（素材）が正解。the finest imported（輸入した最高の）ともうまくつながる。

> 「材料」の意味では raw materials（原材料）、「資料」の意味では material for a book（本を書くための資料）のように使う。

訳 当社の製品は、世界各地から輸入した最高の素材で作られています。

正解 (C)

頻出単語

- (A) **defect** [díːfekt, difékt] 名 欠陥；欠点
- (B) **consumer** [kənsjúːmər] 名 消費者
- (C) **material** [mətíəriəl] 名 原料；材料；資料
- (D) **exhibition** [èksibíʃən] 名 展示会
  an exhibition of the Impressionists（印象派の展覧会）

Q45

His ------- is not only as the CTO but also as a salesperson.

(A) degree
(B) paycheck
(C) workshop
(D) function

- CTO (Chief Technology Officer) 最高技術責任者

Q46

We will ------- someone who has many years of experience with our competitor's firm.

(A) hire
(B) retire
(C) permit
(D) decline

- competitor's firm 競合会社

400点レベル

Q45 解答プロセス

STEP 1 空所の説明が as the CTO（最高技術責任者として）と as a salesperson（セールスパーソンとして）である。
STEP 2 CTO や salesperson は「職責」のことで、(D) function で表せる。

> 「職責」の意味では、responsibility、role などが類義語。function には「行事」（social event）という意外な意味もある。

訳 彼の職責は、最高技術責任者にとどまらずセールスパーソンも兼ねる。

正解 (D)

頻出単語

- (A) **degree** [digríː] 名 学位；程度；（気温などの）度
  a bachelor's degree（学士号）
- (B) **paycheck** [péitʃek] 名 給料（の小切手）
- (C) **workshop** [wə́ːrkʃɑ̀p] 名 研修会；ワークショップ
  a training workshop（研修会）
- (D) **function** [fʌ́ŋkʃən] 名 機能；職務；行事 動 機能する

Q46 解答プロセス

STEP 1 someone who has many years of experience with our competitor's firm で「競合会社で長い経験のある人」という意味。
STEP 2 こうした人をどうするかを考えれば、(A) hire（採用する）が最適。

> hire（採用する）の類義語は employ、engage など。反対の「解雇する」は fire、dismiss、lay off などと言う。

訳 我々は、競合会社で長年の経験がある人を採用することにしよう。

正解 (A)

頻出単語

- (A) **hire** [háiər] 他 採用する；雇用する
- (B) **retire** [ritáiər] 自 退職する；隠棲する　retire from（〜から引退する）
- (C) **permit** 他 [pərmít] 許可する　名 [- -] 許可証
- (D) **decline** [dikláin] 他 丁寧に断る　自 下落する　名 下落

57

Q47

We're short on staff so Mr. Mosely will have to work the late -------.

(A) major
(B) position
(C) shift
(D) training

Ⓐ Ⓑ Ⓒ Ⓓ

Q48

The company's poor stock ------- could hurt the state's economy.

(A) currency
(B) document
(C) catering
(D) performance

Ⓐ Ⓑ Ⓒ Ⓓ

400点レベル

Q47 解答プロセス

STEP 1 work the late ------- で考える。late は「(夜)遅い」なので、「仕事」に近い名詞が入ると考えられる。

STEP 2 (C) shift には「交替勤務の仕事」の意味があるので、これが正解。work the late shift で「遅番で働く」となる。

> work a shift(交替で働く)で覚えておこう。work three shifts なら「3交替で働く」。

訳 我々はスタッフが不足しているので、モウズリーさんが遅番で働かなければならない。

正解 (C)

頻出単語

- (A) **major** [méidʒər] 名 専攻 自 専攻する(in ~) 形 主要な
- (B) **position** [pəzíʃən] 名 役職;位置;姿勢
- (C) **shift** [ʃíft] 名 交替勤務の仕事;変更 他 変える;移動させる
- (D) **training** [tréiniŋ] 名 研修;訓練

Q48 解答プロセス

STEP 1 「その会社の株式の〜がよくないと、州の経済に悪影響を与えるだろう」という仮定の文脈。

STEP 2 poor との結びつきも考えると、(D) performance(実績)が最適。

> ビジネスでは会社の「業績」や個人の「実績」の意味でよく使う。performance evaluation で「実績評価」。

訳 その会社の株式の実績がよくないと、州の経済に悪影響を与えるだろう。

正解 (D)

頻出単語

- (A) **currency** [kə́:rənsi] 名 通貨;貨幣 foreign currency(外貨)
- (B) **document** [dάkjəmənt] 名 書類;文書
- (C) **catering** [kéitəriŋ] 名 食事の調達サービス;ケータリング
- (D) **performance** [pərfɔ́:rməns] 名 実績;(演劇などの)上演

Q49

------- inclement weather, the flight was delayed by two hours.

(A) On behalf of
(B) By way of
(C) On top of
(D) Because of

Q50

It is ------- wise nor beneficial for us to get involved in real estate.

(A) other
(B) not only
(C) neither
(D) whether

• real estate 不動産

400点レベル

Q49 解答プロセス

STEP 1 inclement weather は「悪天候」という意味。カンマ以降は「そのフライトは2時間遅れた」。

STEP 2 悪天候はフライト遅延の原因になっているので、原因を表す(D) Because of（〜のため）を選ぶ。

> because of は「理由・原因」を導くイディオム。owing to、due to、as a result of、on account of が同様の意味。

訳 悪天候のため、そのフライトは2時間遅れた。

正解 **(D)**

頻出熟語

- (A) **on behalf of** 〜を代表して；〜のために
  on behalf of all the staff（全社員を代表して）
- (B) **by way of** 〜を経由して；〜を手段として
  by way of Paris（パリ経由で）
- (C) **on top of** 〜に加えて；〜の上に；〜を支配して
- (D) **because of** 〜が理由で；〜のために

Q50 解答プロセス

STEP 1 空所の後の2つの形容詞 wise と beneficial は nor でつながっている。

STEP 2 この nor に着目すれば〈neither A nor B〉（AもBもない）という、2つをどちらも否定する表現が想定できる。(C)が正解。ここでは「不動産業に進出することは賢明でもないし、有益でもない」という意味になる。

> Part 5 では、(neither) A nor B とあれば、nor に着目すれば解ける。

訳 我々が不動産業に進出することは、賢明でもないし、有益でもない。

正解 **(C)**

頻出熟語

- (A) **other than** 〜以外の
- (B) **not only A but also B** AばかりでなくBもまた
- (C) **neither A nor B** AもBも〜ない
- (D) **whether A or B** AかBか

動詞

形容詞・副詞

名詞

ビジネス・生活語

イディオム

61

目標タイム **40** 秒

Q51

------- the marketing campaign has been a huge success.

(A) Far from
(B) So far
(C) By far
(D) Far away

Ⓐ Ⓑ Ⓒ Ⓓ

Q52

The product you're looking for is ------- available on this site.

(A) no longer
(B) such as
(C) no later than
(D) at most

Ⓐ Ⓑ Ⓒ Ⓓ

400点レベル

Q51 解答プロセス

STEP 1 この文は現在完了形であり、意味は「販促キャンペーンは大成功だ」。
STEP 2 現在完了を使って、目下の現状を表していると考えれば、(B) So far（今までのところ）がぴったりである。(C) の by far は最上級を強調する表現。

> So far so good.（今のところはうまくいっている）は決まり文句。かたい表現で thus far も同じ意味。

訳 今までのところ、販促キャンペーンは大成功だ。

正解 (B)

頻出熟語

- (A) **far from** 決して〜ない　far from successful（決して成功ではない）
- (B) **so far** 今までのところ
- (C) **by far** はるかに
  by far the best engineer（圧倒的に優秀なエンジニア）
- (D) **far away** 遠く離れて

Q52 解答プロセス

STEP 1 available on this site は「このサイトで入手できる」。これを修飾する副詞句が必要。
STEP 2 (A) no longer を選べば、「このサイトではもう入手できない」となり、文意が通る。

> not 〜 any longer でも同意。I can't stand it any longer.（もうがまんできない）

訳 お客様が探している製品はこのサイトではもう入手できません。

正解 (A)

頻出熟語

- (A) **no longer** もはや〜ない
- (B) **such as** たとえば〜など
  luxury cars such as Mercedes and BMW（メルセデスやBMWなどの高級車）
- (C) **no later than** 〜までに；〜より遅れることなく
- (D) **at most** 多くても；せいぜい

Q53

After the presentation, we'll be serving coffee ------- snacks in the lobby.

(A) as well as
(B) in time for
(C) at least
(D) plenty of

Ⓐ Ⓑ Ⓒ Ⓓ

Q54

We will expand ------- the tech division and sales division in the near future.

(A) either
(B) less
(C) rather
(D) both

Ⓐ Ⓑ Ⓒ Ⓓ

400点レベル

Q53 解答プロセス

STEP 1 coffee と snacks はどちらも be serving（提供する）の目的語と考えられる。

STEP 2 A as well as B で「AもBも」と2つを並列できるので (A) が正解。

> as well だと「なお；そのうえ」の意味で、文の要素を付加するのに使う。
> She is intelligent, and friendly as well.（彼女は知性的で、それに付き合いやすい）

訳 プレゼンの後、ロビーでコーヒーと軽食をご提供いたします。

正解 (A)

頻出熟語

- (A) **as well as** 〜と同様に
- (B) **in time for** 〜に間に合って
- (C) **at least** 少なくとも
- (D) **plenty of** たくさんの〜

Q54 解答プロセス

STEP 1 動詞は expand（拡大する）で、目的語は and で結ばれた the tech division と sales division。

STEP 2 〈both A and B〉（AとBの両方）の形にすれば「技術部門と販売部門の両方を拡大する」となり、文脈に合う。したがって、(D) が正解。

> Part 5 では、(both) A and B なら and に、(either) A or B なら or に注目すれば解ける。

訳 我々は近い将来に、技術部門と販売部門の両方を拡大する。

正解 (D)

頻出熟語

- (A) **either A or B** AかBのどちらか
- (B) **less than** 〜に満たない
- (C) **rather than** 〜よりむしろ…
  He is a salesperson rather than a manager.
  （彼はマネジャーというよりむしろ営業マンだ）
- (D) **both A and B** AとBのどちらも

Q55

The company's stock is ------- to drop in price after its IPO.

(A) about
(B) likely
(C) absent
(D) responsible

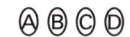

- IPO (initial public offering) 新規上場

Q56

------- contact us by phone or e-mail if you have any further questions.

(A) Feel free to
(B) Manage to
(C) Help yourself to
(D) Hesitate to

400点レベル

Q55 解答プロセス

STEP 1 〈be 形容詞 to do〉の形をとれて、文脈に合う形容詞を考える。

STEP 2 be likely to do で「〜しそうだ」で、ここでは「その会社の株が下がりそうだ」という予想を表せるので、(B) が正解。be about to do は「まもなく〜する」と、すぐ先の行動・動作を表す。予想の文脈はつくれないので、ここでは不適。

> 形容詞の likely は「可能性がありそうな」の意味で、a likely story で「ありそうな話」。

訳 その会社の株は、新規上場の後で値が下がりそうだ。

正解 (B)

頻出熟語

- ☐ (A) **be about to *do*** まもなく〜する；まさに〜しようとしている
- ☐ (B) **be likely to *do*** 〜しそうだ
- ☐ (C) **be absent from**（名詞） 〜を欠席する
- ☐ (D) **be responsible for**（名詞） 〜に責任がある

Q56 解答プロセス

STEP 1 if 以下は「さらにご質問があれば」。質問があるときに、どのように私たちに連絡する（contact us）のかを考える。

STEP 2 (A) Feel free to を選べば「遠慮なく連絡する」となり、ていねいな語調になる。(D) は否定辞をつけて Don't hesitate to とすれば、同様の意味を表せる。

> feel free to do は相手に何かを勧めるときに使い、会話やメールの常用表現。この形で覚えておこう。

訳 さらにご質問があれば、電話かメールでご遠慮なく連絡してください。

正解 (A)

頻出熟語

- ☐ (A) **feel free to *do*** 遠慮なく［自由に］〜する
- ☐ (B) **manage to *do*** なんとか〜する
  I managed to finish it by myself.（何とかひとりでやり終えた）
- ☐ (C) **help oneself to**（名詞） 自由に〜を取って食べる［飲む・使う］
  Help yourself to some snacks.（お菓子をご自由にどうぞ）
- ☐ (D) **hesitate to *do*** 〜することをためらう

Q57

Employees are expected to work as a team and support -------.

(A) at ease
(B) one after another
(C) sooner or later
(D) each other

Ⓐ Ⓑ Ⓒ Ⓓ

Q58

I ------- hearing from you at your earliest convenience.

(A) work out
(B) make sure of
(C) look forward to
(D) depend on

Ⓐ Ⓑ Ⓒ Ⓓ

400点レベル

Q57 解答プロセス

STEP 1 support（支援する）に続く目的語になる語句を探す。and の前の work as a team（チームとして働く）がヒントになる。

STEP 2 support もチームですると考えられるので、(D) each other（お互いに）を選んで「お互いに支援し合う」とする。

> 問題文では each other は目的格として使われているが、所有格としても使える。visit each other's house（お互いの家を訪問し合う）

訳 社員はチームで働き、互いに支援し合うことが期待されています。

正解 (D)

頻出熟語

- □ (A) **at ease** 気楽に；のんびりして　feel at ease（気兼ねなく楽にする）
- □ (B) **one after another** 次々に
  　　　　　　　　　　　　happen one after another（次々に起こる）
- □ (C) **sooner or later** 早かれ遅かれ
- □ (D) **each other** お互い

Q58 解答プロセス

STEP 1 空所の次は動名詞なので、動名詞が続けられる表現でなければならない。意味的にはこの文は「ご都合がつきしだいご連絡をください」になると予測がつく。

STEP 2 (C) look forward to は「〜を期待して待つ」の意味で名詞・動名詞を続けるので、これが意味的にも文法的にも合う。

> look forward to には動詞原形が続けられないので注意。メールや会話で常用する。

訳 ご都合がつきしだいご連絡をください。

正解 (C)

頻出熟語

- □ (A) **work out** 〜を成し遂げる；うまくいく；運動する
- □ (B) **make sure of** 〜を確かめる
- □ (C) **look forward to** 〜を楽しみに待つ
- □ (D) **depend on** 〜に依存する　It depends on you.（あなたしだいだ）

Q59

The awards ceremony will ------- on April 15th at the downtown civic center.

(A) turn out
(B) pick up
(C) take place
(D) put off

Q60

------- we should postpone the product's release date by a few days.

(A) I wonder if
(B) Given that
(C) No wonder
(D) Even if

400点レベル

Q59 解答プロセス

STEP 1 The awards ceremony（授賞式）にふさわしい動詞を考える。
STEP 2 空所の後は日時と場所なので、(C) take place（開催される）を入れると、文意が通る。

> 予定されたイベントなどが「行われる」場合にも、予期せぬ事故などが「起こる」場合にも使える。

訳 授賞式は、4月15日に都心の市民センターで行われます。

正解 (C)

頻出熟語

- (A) **turn out** 結局~になる；~だとわかる
  It all turned out to be a mistake.（すべてが誤りだとわかった）
- (B) **pick up** 取り上げる；車で（人を）迎える
- (C) **take place** 開催される；起こる
- (D) **put off** 延期する

Q60 解答プロセス

STEP 1 we 以下は「私たちは製品の発売日を数日延期すべきである」。その前に置いて、うまく機能する表現でなければならない。
STEP 2 (A) I wonder if（~ではないかと思う）はやわらかく自分の意見を言う表現で、「私たちは製品の発売日を数日延期すべきではないかと思う」となり、文意が通る。(B) と (D) は条件を表す従属節を導く表現で、ここでは文法的に成立しない。

> 過去進行形で I was wondering if I could ask you a favor.（お願いがあるのですが）とすると、丁寧な依頼文をつくれる。現在進行形も可。

訳 私たちは製品の発売日を数日延期すべきではないかと思う。

正解 (A)

頻出熟語

- (A) **I wonder if** ~ではないかと思う
- (B) **given that** もし~ならば；~を考えれば
- (C) **no wonder** ~も当然である；~は驚くに当たらない
  No wonder he got upset.（彼が怒ったのも無理はない）
- (D) **even if** たとえ~でも

TOEIC 英単語のヒント①
Part 1 は特別な単語が使われる

　TOEIC の Part 1（写真描写問題）は、日常生活のさまざまなシーンの写真が登場します。こうしたシーンを描写するのに動作・モノ・風景を表す単語が使われますが、日本の学習者にはなじみのないものが多いので、事前にチェックしておきましょう。

(動作) 進行形で使われることが多い

be carrying（運んでいる）
be adjusting（調整している）
be wiping（拭いている）
be reaching for（〜に手を伸ばしている）
be trying on（〜を試着している）

be holding（手に持っている）
be sweeping（掃いている）
be stacking（積み重ねている）
be working on（〜の作業をしている）
be leaning against（〜にもたれている）

(モノ) 道具・家具・インテリアをまとめてチェック！

briefcase（書類鞄）
instrument（器具）
device（機器）
utensils（台所用品）
container（容器）

stationery（文房具）
appliance（家電製品）
shelf [shelves]（棚）
stairs（階段）
trash bin（ごみ箱）

(風景) 風景を構成する要素に注目しよう

corner（角；隅）
intersection（交差点）
vehicle（車両）
vendor（露天商人；売り子）
parking lot（駐車場）

pedestrian（歩行者）
lawn（芝生）
railing（手すり）
pier（埠頭）
construction site（建設現場）

Chapter 2

500点レベル
TOEICの基礎をかためよう

- 動詞 …………………… 74
- 形容詞・副詞 …………… 86
- 名詞 …………………… 98
- ビジネス・生活語 ……… 110
- イディオム …………… 122

目標タイム **50** 秒

Q1

We are putting special tags on all our items to ------- theft.

(A) miss
(B) insist
(C) prevent
(D) fold

Ⓐ Ⓑ Ⓒ Ⓓ

Q2

Please ------- a list of any relevant internships along with your résumé and cover letter.

(A) provide
(B) neglect
(C) exchange
(D) apply

Ⓐ Ⓑ Ⓒ Ⓓ

500点レベル

Q1 解答プロセス

STEP 1 items までは「私たちはすべての商品に特殊なタグを付けている」。theft は「盗難」で、タグを付けるのは盗難をどうするためか。

STEP 2 (C) prevent（防止する）が正解である。

> 〈prevent O from ~〉（O が~するのを妨げる）の形も重要。prevent a building from collapsing（ビルが倒壊するのを防ぐ）

訳 私たちは、盗難を防ぐためにすべての商品に特殊なタグを付けている。

正解 (C)

頻出単語

- (A) **miss** [mís] 他 逃す；~がいなくて寂しい
  miss a train（電車に乗り損ねる）
- (B) **insist** [insíst] 他 強く主張する；要求する
- (C) **prevent** [privént] 他 妨げる；防止する
- (D) **fold** [fóuld] 他 折りたたむ；（手や脚を）組む
  fold clothes（服をたたむ）

Q2 解答プロセス

STEP 1 a list of any relevant internships は「関連するインターン研修のリスト」。これを履歴書やカバーレターと一緒にどうするか。

STEP 2 選択肢では (A) provide（提供する）のみが文意に合う。

> 「AをBに提供する」には〈provide A for B〉〈provide B with A〉のどちらの形も使える。文頭に置くProvided that ~（~という条件で）は条件を設定する表現。

訳 履歴書とカバーレターと一緒に、関連するインターン研修のリストを送ってください。

正解 (A)

頻出単語

- (A) **provide** [prəváid] 他 提供する；与える
- (B) **neglect** [niglékt] 他 無視する；放置する
- (C) **exchange** [ikstʃéindʒ] 他 交換する；両替する
  exchange A with B（AをBと交換する） 名 交換；両替
- (D) **apply** [əplái] 自 申し込む（for ~）
  apply for a visa（ビザを申請する） 他 適用する

75

目標タイム **50** 秒

Q3

To secure a booth at the trade show you must ------- by April 25.

(A) recommend
(B) recognize
(C) register
(D) realize

Ⓐ Ⓑ Ⓒ Ⓓ

Q4

Please take the time to look over my résumé, which is ------- to this message.

(A) attended
(B) attached
(C) announced
(D) advertised

Ⓐ Ⓑ Ⓒ Ⓓ

500点レベル

Q3 解答プロセス

STEP 1 To secure a booth at the trade show は「商品見本市のブースを確保するために」という意味。そのために4月25日までにどうするか。
STEP 2 (C) register は「登録する」の意味なので、これがぴったり。

> ⚠ 自動詞として登録する対象を続けるには、register for a course（授業に登録する）、register with us（当社に登録する）などとする。

訳 商品見本市のブースを確保するには、4月25日までに登録していただく必要があります。

正解 (C)

頻出単語

- (A) **recommend** [rèkəménd] 他 勧める；推薦する
- (B) **recognize** [rékəgnàiz] 他 認める；わかる
- (C) **register** [rédʒistər] 自 登録する（for ～, with ～） 他 登録する
- (D) **realize** [ríːəlàiz] 他 理解する；実現する
  realize a dream（夢を実現する）

Q4 解答プロセス

STEP 1 which の先行詞は résumé（履歴書）。それがこのメッセージにどうされているのかを考える。
STEP 2 (B) の attach は「（メールにファイルなどを）添付する」の意味がある。ここでは受け身で使って「このメールに添付されている履歴書」とすれば、文意が通る。

> ⚠ 名詞の attachment は「添付書類」の意味で使える。

訳 ご面倒ながら、このメッセージに添付した私の履歴書に目をお通しください。

正解 (B)

頻出単語

- (A) **attend** [əténd] 他 出席する
- (B) **attach** [ətǽtʃ] 他 添付する；貼り付ける
- (C) **announce** [ənáuns] 他 発表する；告知する
- (D) **advertise** [ǽdvərtàiz] 他 広告宣伝する

Q5

This is to ------- you that your next loan payment will be due on October 6.

(A) postpone
(B) contain
(C) attract
(D) remind

Ⓐ Ⓑ Ⓒ Ⓓ

Q6

The staff is making preparations to ------- the 10th anniversary of the founding of the company.

(A) forward
(B) include
(C) celebrate
(D) explain

Ⓐ Ⓑ Ⓒ Ⓓ

500点レベル

Q5 解答プロセス

STEP 1 that 以下は「お客様の次のローン返済が10月6日である」こと。それをどうするのか。

STEP 2 (D) remind には「思い出させる」の意味があり、ここではローンの返済期日を知らせる文になっている。

> Thanks for reminding me.（思い出させてくれてありがとう）は決まり文句。〈remind A of B〉（AにBについて思い出させる）の形も重要。

訳 これは、お客様の次のローン返済が10月6日であることをお知らせするものです。

正解 (D)

頻出単語

- (A) **postpone** [poustpóun] 他 延期する
- (B) **contain** [kəntéin] 他 含む；抑制する
  It contains no sugar.（それは砂糖を含まない）
- (C) **attract** [ətrækt] 他 引きつける；誘導する
- (D) **remind** [rimáind] 他 気づかせる；思い出させる

Q6 解答プロセス

STEP 1 the 10th anniversary of the founding of the company は「会社設立の10周年」。それをどうするかを考える。

STEP 2 (C) celebrate は「祝う」という意味で、文意に合う。

> 名詞は celebration（祝典；祝賀）。in celebration of で「～を祝って」。また、celebrity と言えば「有名人；セレブ」のこと。

訳 社員たちは会社の創立10周年を祝う準備を進めている。

正解 (C)

頻出単語

- (A) **forward** [fɔ́:rwərd] 他 転送する；発送する
  forward a copy（コピーを転送する）
- (B) **include** [inklú:d] 他 含む
  The price includes taxes.（価格には税金が含まれる）
- (C) **celebrate** [séləbrèit] 他 祝う；（イベントを）挙行する
- (D) **explain** [ikspléin] 他 説明する

Q7

This software ------- users to quickly and effectively keep track of their budgets.

(A) develops
(B) creates
(C) releases
(D) enables

- keep track of
  〜を管理［追跡］する

Q8

We usually ------- our customers to try the products that we are about to release.

(A) encourage
(B) treat
(C) prefer
(D) lean

500点レベル

Q7 解答プロセス

STEP 1 This software ------- users to ~ keep と、モノが主語で人が目的語になり、to do と続くので、空所には使役の意味を表せる動詞が入る。

STEP 2 enable は〈enable O to do〉で「O に do させることができる」と、使役の意味を出せるので (D) が正解。

> 接頭辞 en- は「~する」の意味で、形容詞・名詞を動詞化する。en（~する）+ able（できる）= enable（可能にする）。en- + large（大きい）= enlarge（拡大する）。en- + force（力）= enforce（強制する）。

訳 このソフトは、ユーザーが予算をすばやく効果的に管理できるようにする。

正解 (D)

頻出単語

- (A) **develop** [divéləp] 他 発展させる；開発する
- (B) **create** [kriéit] 他 創造する；（事態を）引き起こす
- (C) **release** [rilí:s] 他 公表する；表に出す；解き放つ
- (D) **enable** [inéibəl] 他 ~することを可能にする

Q8 解答プロセス

STEP 1 ------ our customers to try から〈動詞 + 目的語 to do〉の形をとれる動詞でなければならない。

STEP 2 (A) encourage は〈encourage O to do〉で「O に do するよう勧める」となり形が合って、「発売しようとしている製品を顧客に試用するよう勧める」となり文意も通る。

> 分詞の形の encouraging（勇気づける）、encouraged（勇気づけられた）もビジネスでよく使う。encouraging news（勇気づけられる知らせ）

訳 我々は通常、発売しようとしている製品を顧客に試用してくれるよう勧めている。

正解 (A)

頻出単語

- (A) **encourage** [inká:ridʒ] 他 勇気づける；促す；勧める
- (B) **treat** [trí:t] 他 扱う；取り上げる；治療する
- (C) **prefer** [prifá:r] 他 ~より好む　prefer A to B（BよりAを好む）
- (D) **lean** [lí:n] 自 身を乗り出す；寄りかかる
　　　　　　lean against a wall（壁に寄りかかる）

Q9

Don't forget to ------- your watch to the proper time after the time change on Saturday.

(A) adjust
(B) admire
(C) adopt
(D) analyze

Q10

Our firm will ------- the next Lawyer of the Year Awards so we're looking for an event planner.

(A) expect
(B) host
(C) ignore
(D) display

500点レベル

Q9 解答プロセス

STEP 1 ------- your watch to the proper time から、時計を適切な時間にどうするか。

STEP 2 (A) adjust は「調整する」という意味なので、これが正解。サマータイム前後の時間調整の話である。

> 「調整する」という意味では、modify や tune などが類義語。adjust to (適応する) という意味では adapt to などが類義語。

訳 土曜日に時間が変更になった後には、忘れずに時計を正しい時刻に調整してください。

正解 (A)

頻出単語
- (A) **adjust** [ədʒʌ́st] 他 調整する；整える 自 適応する (to ~)
- (B) **admire** [ədmáiər] 他 賞賛する
- (C) **adopt** [ədɑ́pt] 他 採用する；引き取る
  adopt a new approach（新しい手法を採用する）
- (D) **analyze** [ǽnəlàiz] 他 分析する

Q10 解答プロセス

STEP 1 the next Lawyer of the Year Awards という賞をどうするのか。so 以下は、「それでイベント企画会社を探している」という意味。「開催する」に近い意味の動詞が入ると見当がつく。

STEP 2 (B) host は「主催する」の意味なので、これが文意に合う。

> host a party で「パーティーを主催する」、host a show なら「(テレビなどの) 番組の司会をする」。

訳 次の年間弁護士賞は当社が主催するので、我々はイベント企画会社を探している。

正解 (B)

頻出単語
- (A) **expect** [ikspékt] 他 予想する；期待する
- (B) **host** [hóust] 他 主催する；司会をする 名 主宰者；司会者
- (C) **ignore** [ignɔ́ːr] 他 無視する　ignore a red light（赤信号を無視する）
- (D) **display** [displéi] 他 展示する；(感情などを) 示す 名 展示 (品)

動詞／形容詞・副詞／名詞／ビジネス・生活語／イディオム

目標タイム **50** 秒

Q11

The poor fourth quarter performance ------- in many lay-offs at the company.

(A) resulted
(B) seemed
(C) updated
(D) appeared

Q12

We will have to do our best to ------- to the client that the plan will increase revenue.

(A) handle
(B) rise
(C) increase
(D) prove

500点レベル

Q11 解答プロセス

STEP 1 主語は The poor fourth quarter performance（第4四半期の悪い業績）。それと many lay-offs（大量のレイオフ）とをつなぐ動詞を考える。前置詞 in と一緒に使うこともヒントになる。

STEP 2 「第4四半期の悪い業績」と「大量のレイオフ」は原因と結果の関係。(A) resulted を選んで、resulted in（結果として〜になった）とする。

❗ 名詞も同形。as a result of で「〜の結果として」。

訳 その会社では、第4四半期の業績が悪かったので大量のレイオフが発生した。

正解 (A)

頻出単語

- (A) **result** [rizʌ́lt] 圓 〜という結果に終わる (in 〜)；〜に起因する (from 〜)
- (B) **seem** [síːm] 圓 〜のように思える；〜のように見える
- (C) **update** [ʌ̀pdéit] 他 刷新する；最新のものにする
- (D) **appear** [əpíər] 圓 〜のように見える；現れる
  She appears to be satisfied.（彼女は満足しているみたいだ）

Q12 解答プロセス

STEP 1 空所の後は to the client（顧客に）に続いて that 節がある。空所に入る動詞は that 節を導けるものでなければならない。

STEP 2 選択肢では (D) prove のみが that 節を導けて、〈prove to O that 〜〉（〜ということを O に証明する）という形をとれる。

❗ 自動詞の用法で、〈prove to be〉（〜であることが判明する）も重要。The rumor proved to be true.（その噂は事実とわかった）

訳 その計画が収入を増やすことを顧客にはっきり示すのに全力をあげなければならない。

正解 (D)

頻出単語

- (A) **handle** [hǽndl] 他 扱う；処理する；操縦する
  handle a problem（問題に対処する）
- (B) **rise** [ráiz] 圓 上がる；昇る
- (C) **increase** [inkríːs, ́ -] 圓 増加する；高まる 他 増加させる；高める
- (D) **prove** [prúːv] 他 立証する 圓 判明する

目標タイム **50**秒

Q13

It is extremely difficult these days to find ------- prices on real estate.

(A) effective
(B) modern
(C) domestic
(D) reasonable

Ⓐ Ⓑ Ⓒ Ⓓ

Q14

Is there a ------- type of dress you have in mind to wear to the event?

(A) specific
(B) foreign
(C) complete
(D) precise

Ⓐ Ⓑ Ⓒ Ⓓ

500点レベル

Q13 解答プロセス

STEP 1 prices(価格)を修飾するのに適当な形容詞を探す。

STEP 2 (D) reasonable は「理にかなった」の意味だが、「価格が理にかなった」→「価格が手ごろな」の意味で使えるので、これが正解。

> TOEICでは、「価格が手ごろな」の意味でよく出る。「理にかなった」の意味では、a reasonable explanation(理にかなった説明)のように使う。

訳 最近では、手頃な価格の不動産を見つけるのがきわめて難しい。

正解 (D)

頻出単語

- (A) **effective** [iféktiv]　形 効果的な;有効な
  an effective solution(効果的な解決策)
- (B) **modern** [mádərn]　形 現代の;現代的な
- (C) **domestic** [dəméstik]　形 国内の;家庭の　domestic chores(家事)
- (D) **reasonable** [ríːzənəbəl]　形 理にかなった;(価格が)手ごろな

Q14 解答プロセス

STEP 1 a ------- type of dress は、省略された関係代名詞を介して、「そのイベントに着ていくのにあなたが考えている」につながる。

STEP 2 「あなたが考えている」のはどんな「服のタイプ」か。(A) specific(特定の)を選べば、「具体的な服のタイプ」となり文意が通る。(D) precise は「(機械・測定などが)精密な」の意味。

> Please be more specific. で「もう少し具体的に説明してください」。動詞は specify(具体的に述べる)。

訳 そのイベントに着ていくのに、あなたが考えている具体的な服のタイプはありますか。

正解 (A)

頻出単語

- (A) **specific** [spəsífik]　形 特定の;明確な
- (B) **foreign** [fɔ́ːrən]　形 外国の;異質な
- (C) **complete** [kəmplíːt]　形 完全な;徹底した
- (D) **precise** [prisáis]　形 精密な;正確な
  precise directions(正確な道順)

Q15

I'm going to look into purchasing the ------- lot for our next building project.

(A) secure
(B) vacant
(C) loyal
(D) punctual

Ⓐ Ⓑ Ⓒ Ⓓ

Q16

We need to try a more ------- method for delivering our goods on time.

(A) efficient
(B) eager
(C) expensive
(D) electric

Ⓐ Ⓑ Ⓒ Ⓓ

500点レベル

Q15 解答プロセス

STEP 1 lot は「土地（の区画）」の意味。新しい建設プロジェクトのためにどんな土地を購入する（purchasing）のかを考える。

STEP 2 vacant は「空の」の意味で、vacant lot で「更地」になるので、(B) が正解。

> 会社のポストが「欠員の」の意味でもよく使う。a vacant position（空きポスト）。名詞は vacancy（空き；欠員）。

訳　当社の次の建設プロジェクトのために、その更地を購入することを検討しています。

正解 (B)

頻出単語

- (A) **secure** [sikjúər] 形 安全な；安定した
  a secure investment（安全な投資）
- (B) **vacant** [véikənt] 形 空いている；欠員の
- (C) **loyal** [lɔ́iəl] 形 忠実な；誠実な
  loyal customers（愛顧してくれる顧客）
- (D) **punctual** [pʌ́ŋktʃuəl] 形 時間に正確な

Q16 解答プロセス

STEP 1 method は「方法」で、これを修飾するのに適当な形容詞は何か。for 以下の「製品を時間通りに配達するための」がヒントになる。

STEP 2 (A) efficient（効率的な）しか適当なものはない。

> efficient は人にも使える。an efficient manager（有能なマネジャー）。名詞は efficiency（効率性；有能）。

訳　製品を時間通りに配達するのにさらに効率的な方法を試す必要がある。

正解 (A)

頻出単語

- (A) **efficient** [ifíʃənt] 形 効率的な；（人が）有能な
- (B) **eager** [í:gər] 形 熱心な；〜したがって
- (C) **expensive** [ikspénsiv] 形 高価な；高くつく
  an expensive bottle of wine（高級ワイン）
- (D) **electric** [iléktrik] 形 電気で動く　electric appliances（電化製品）

Q17

Ms. Chan ------- got used to her new role as vice chairperson of the board.

(A) merely
(B) gradually
(C) directly
(D) especially

Ⓐ Ⓑ Ⓒ Ⓓ

• the board　取締役会

Q18

Tell Mr. Hathaway that Mr. Jenkins would like to see him in his office -------.

(A) finally
(B) highly
(C) immediately
(D) certainly

Ⓐ Ⓑ Ⓒ Ⓓ

500点レベル

Q17 解答プロセス

STEP 1 got used to her new role は「彼女の新しい職責に慣れていった」。どう慣れていったかを考える。動詞 got が変化を示すこともヒントになる。
STEP 2 (B) gradually（徐々に）を入れると変化の様態を表せる。

> ゆっくりとした変化を表す。ビジネスでは売れ行きや業績などの変化を述べる文でよく使う。形容詞は gradual（徐々の；ゆるやかな）。

訳 チャンさんは取締役会の副会長という職責に徐々に慣れていった。

正解 (B)

頻出単語
- (A) **merely** [míərli] 副 単に；ただ
- (B) **gradually** [grǽdʒuəli] 副 徐々に；だんだんと
- (C) **directly** [dəréktli] 副 直接に
- (D) **especially** [ispéʃəli] 副 特に；とりわけ

Q18 解答プロセス

STEP 1 Mr. Hathaway に that 節の用件を伝えることを頼む文。その用件は「Mr. Jenkins が彼に会いたい」というもの。
STEP 2 どう会いたいかを考えれば、(C) immediately（すぐに）が自然。

> 「即座に」のニュアンスで soon や shortly よりも緊急性が高い。at once や right now が近い意味。「直接に」の意味では immediately responsible for the accident（その事故に直接的な責任がある）のように使う。

訳 ハザウェイさんに、ジェンキンズさんが彼のオフィスですぐに会いたい旨を伝えてください。

正解 (C)

頻出単語
- (A) **finally** [fáinəli] 副 ついに；結局
- (B) **highly** [háili] 副 大いに；高度に
  highly appreciated（高く評価された）
- (C) **immediately** [imíːdiətli] 副 ただちに；直接に
- (D) **certainly** [sə́ːrtənli] 副 確かに；(会話で) 承知しました

Q19

For two full days our ------- inventory will be 50% off the listed retail price.

(A) strict
(B) entire
(C) legal
(D) mutual

- inventory　在庫

Q20

For sanitary reasons, employees must follow the ------- protocol when serving food.

(A) urban
(B) fiscal
(C) proper
(D) broad

- protocol　手順

500点レベル

Q19 解答プロセス

STEP 1 our ------- inventory で考える。inventory は「(商品などの) 在庫」のことである。

STEP 2 (B) entire は「全部の」の意味で、「当店のすべての在庫」となり、文意が通る。

> the entire day (1日中)、the entire city (市全体)、the entire agreement (全面的な賛成) のように使う。副詞は entirely (完全に；まったく)。

訳 2日間にわたって、当店の在庫品のすべてを小売価格の50%オフにいたします。

正解 (B)

頻出単語
- (A) **strict** [stríkt] 形 厳格な；厳重な strict regulations (厳格な規則)
- (B) **entire** [intáiər] 形 全体の；全部の
- (C) **legal** [líːgəl] 形 合法的な；法律の
- (D) **mutual** [mjúːtʃuəl] 形 相互の；共通の
   mutual understanding (相互理解)

Q20 解答プロセス

STEP 1 follow the ------- protocol で考える。follow は「従う」、protocol は「手順」。

STEP 2 (C) proper (適切な) を入れると、「適切な手順に従う」となり、文意が通る。

> suitable、adequate、appropriate などが類義語。副詞は properly (適切に；完全に)。

訳 衛生上の理由により、社員は食べ物を出すときには適切な手順に従わなければならない。

正解 (C)

頻出単語
- (A) **urban** [ə́ːrbən] 形 都会の；都市の urban areas (都市部)
- (B) **fiscal** [fískəl] 形 財務の；会計の a fiscal year (事業[会計]年度)
- (C) **proper** [prápər] 形 適切な；妥当な
- (D) **broad** [brɔ́ːd] 形 幅の広い；広範囲に及ぶ
   broad appeal (幅広い支持)

目標タイム **50** 秒

Q21

Our ------- reaction to the takeover was one of shock but now we have accepted it.

(A) fair
(B) economic
(C) tight
(D) initial

Ⓐ Ⓑ Ⓒ Ⓓ

Q22

Let's put our heads together and find a ------- solution for our inventory problem.

(A) current
(B) practical
(C) sincere
(D) latest

Ⓐ Ⓑ Ⓒ Ⓓ

• put one's heads together
知恵を出し合う

500点レベル

Q21 解答プロセス

STEP 1 逆説の接続詞 but で文は2つに分かれている。前半は「ショックだった」、後半は「それを受け入れた」。「前半」→「後半」で変化がある。
STEP 2 空所のある主語 reaction（反応）は最初の段階のことなので、(D) initial（初めの）を入れると論旨が通る。

> 副詞は initially（当初；もともと）、動詞は initialize（初期化する）。

訳 買収に対する私たちの初めの反応はショックそのものでしたが、今では私たちはそれを受け入れました。

正解 (D)

頻出単語

- □ (A) **fair** [féər] 形 適正な；公平な　fair trade（公正な取引）
- □ (B) **economic** [i:kənámik, èk-] 形 経済の；景気の
- □ (C) **tight** [táit] 形 きつい；しっかりしまった
  　　Our budget is tight.（予算には余裕がない）
- □ (D) **initial** [iníʃəl] 形 最初の；初めの

Q22 解答プロセス

STEP 1 solution は「解決策」で、それを見つけよう（find）としている。
STEP 2 solution を修飾するのに適当な形容詞を考えると、選択肢では (B) practical（現実的な）が最適である。

> practice（実際；練習）の形容詞形。「実際の」の意味では actual など、「実用的な」の意味では workable、viable などが類義語。

訳 知恵を出し合って、在庫問題の現実的な解決策を見つけよう。

正解 (B)

頻出単語

- □ (A) **current** [kə́:rənt] 形 現代の；今の；流通して
  　　one's current job（今の仕事）
- □ (B) **practical** [præktikəl] 形 実際の；実用的な
- □ (C) **sincere** [sinsíər] 形 正直な；誠実な
  　　a sincere apology（心のこもったお詫び）
- □ (D) **latest** [léitist] 形 最新の　latest news（最新のニュース）

目標タイム **50** 秒

Q23

After the stock steeply declined, I learned a ------- lesson about trading on a whim.

(A) boring
(B) wealthy
(C) typical
(D) valuable

Ⓐ Ⓑ Ⓒ Ⓓ

• on a whim　思いつきで

Q24

We'd better get some extra hands to help us; ------- we'll be working through the weekend.

(A) otherwise
(B) moreover
(C) instead
(D) however

Ⓐ Ⓑ Ⓒ Ⓓ

500点レベル

Q23 解答プロセス

STEP 1 株式が急落した後（After the stock steeply declined）、どんな教訓（lesson）を学んだのか。

STEP 2 文脈と lesson との結びつきから、(D) valuable（貴重な）が最適である。

⚠ 反意語は valueless（価値がない）。invaluable は「（評価できないほど）価値がある」で、valuable の強意表現なので注意。名詞は value（価値）。

訳 株式が急落した後、私は思いつきで取引することについて貴重な教訓を学んだ。

正解 **(D)**

頻出単語

- (A) **boring** [bɔ́ːriŋ] 形 うんざりさせる
  a boring speech（退屈なスピーチ）
- (B) **wealthy** [wélθi] 形 裕福な
- (C) **typical** [típikəl] 形 典型的な　a typical example（典型的な例）
- (D) **valuable** [væljəbəl] 形 価値のある；貴重な

Q24 解答プロセス

STEP 1 セミコロンまでの前半の文は「手助けしてくれる人手があといくらかあるほうがいい」。空所に続く後半の文は「私たちは週末中、働くことになるだろう」。

STEP 2 前半と異なる条件を示すつなぎ言葉を入れると、前後半がうまくつながる。(A) otherwise（そうでないと）を選ぶ。

⚠ 「そうでないと」の意味では if not、「別なふうに」の意味では in any other way が類義語。

訳 手助けしてくれる人手があといくらかあるほうがいい。でないと、週末中、働くことになるだろう。

正解 **(A)**

頻出単語

- (A) **otherwise** [ʌ́ðərwàiz] 副 そうでないと；それ以外は；別なふうに
- (B) **moreover** [mɔːróuvər] 副 さらに；そのうえ
- (C) **instead** [instéd] 副 その代わりに；そうではなく
- (D) **however** [hauévər] 副 しかしながら；一方では

Q25

You will find the ------- for your order attached to this e-mail.

(A) tour
(B) corner
(C) bill
(D) fund

Ⓐ Ⓑ Ⓒ Ⓓ

Q26

Thomas will present the latest sales ------- during today's meeting.

(A) retails
(B) figures
(C) rumors
(D) fields

Ⓐ Ⓑ Ⓒ Ⓓ

500点レベル

Q25 解答プロセス

STEP 1 the ------- for your order から、注文品の何かで、それはメールに添付されている（attached to this e-mail）。
STEP 2 (C) bill には「請求書」の意味があるので、これが正解。

> 「請求書」の意味では invoice が類義語。bill には他に「紙幣」「法案」の意味もある。a one-dollar bill（1ドル紙幣）、pass a bill（法案を通過させる）

訳 このメールには、ご注文品の請求書を添付しています。

正解 (C)

頻出単語

- (A) **tour** [túər] 名 旅行；見学　a factory tour（工場見学）
- (B) **corner** [kɔ́ːrnər] 名 かど；隅；交差点
- (C) **bill** [bíl] 名 請求書；紙幣；法案　他 請求書を送る
- (D) **fund** [fʌ́nd] 名 資金；基金　raise funds（資金を調達する）

Q26 解答プロセス

STEP 1 sales（売り上げ）と結びつく言葉で、会議で発表できるものは何か。
STEP 2 figures には「数字」の意味があり、sales と組み合わせて「売り上げ数字」とできるので、(B) が正解となる。

> 「グラフ」「図（表）」「挿絵」なども figure と言う。See figure 3-A.（図3-Aを参照）

訳 トーマスは今日の会議で、最新の売り上げ数字を発表するでしょう。

正解 (B)

頻出単語

- (A) **retail** [ríːtèil] 名 小売り　形 小売りの　a retail price（小売価格）
- (B) **figure** [fígjər] 名 数字；図表；人物；比喩表現
- (C) **rumor** [rúːmər] 名 うわさ
- (D) **field** [fíːld] 名 分野；領域；牧草地
  experience in the same field（同じ分野での経験）

目標タイム 50 秒

Q27

Please fill out the form and hand it in to the ------- at the front desk.

(A) expert
(B) clerk
(C) author
(D) lawyer

Ⓐ Ⓑ Ⓒ Ⓓ

Q28

We guarantee that the ------- of our publications is suitable for all ages.

(A) deadline
(B) standard
(C) fee
(D) content

Ⓐ Ⓑ Ⓒ Ⓓ

500点レベル

Q27 解答プロセス

STEP 1 選択肢はすべて人。書式（the form）を手渡す相手がだれかだが、その人は窓口に（at the front desk）いる。
STEP 2 (B) clerk（係員；事務員）が自然である。

> 記録をとったり、計算をしたり、主に事務的な仕事をする人を指す。a hotel clerk（ホテルの受付係）、a shop clerk（店員）。形容詞は clerical（事務員の）。

訳 この書式にご記入いただき、それを窓口の係員に渡してください。

正解 (B)

頻出単語
- (A) **expert** [ékspə:rt] 名 専門家
- (B) **clerk** [klə́:rk] 名 事務員；(店の) 店員
- (C) **author** [ɔ́:θər] 名 著者；作家
- (D) **lawyer** [lɔ́:jər] 名 弁護士

Q28 解答プロセス

STEP 1 publications は「出版物」という意味で、出版物の何がすべての年齢層に合う（suitable for all ages）のかを考える。
STEP 2 (D) content（内容）だけが文意にかなう。

> 同じつづりで「満足した」という意味の形容詞があるので注意。contents または table of contents で「（本などの）目次」の意味。

訳 当社の出版物の内容はどの年齢層にも合うことを保証します。

正解 (D)

頻出単語
- (A) **deadline** [dédlàin] 名 締め切り；納期　meet a deadline（締め切りを守る）
- (B) **standard** [stǽndərd] 名 基準；水準　quality standards（品質水準）
- (C) **fee** [fí:] 名 料金　shipping and handling fees（発送・取扱手数料）
- (D) **content** [kántent] 名 内容；中身

目標タイム **50**秒

Q29

My ------- as the police chief is to make sure our citizens are safe at all times.

(A) duty
(B) knowledge
(C) belongings
(D) fortune

Ⓐ Ⓑ Ⓒ Ⓓ

Q30

We've made several revisions to the ------- that we'd like you to consider.

(A) concern
(B) proposal
(C) honor
(D) emotion

Ⓐ Ⓑ Ⓒ Ⓓ

500点レベル

Q29 解答プロセス

STEP 1 My ------- as the police chief は「警察署長としての私の〜」。それが to make sure our citizens are safe at all times(市民がいつも安全でいられるようにすること)であるという文脈。

STEP 2 (A) duty には「仕事;業務」の意味があるので、これが正解。

> on duty で「勤務中の」、off duty で「勤務時間外で」。「業務」には他に、job、task、assignment、responsibility などの言い方がある。

訳 警察署長としての私の仕事は、市民がいつも安全でいられるようにすることです。

正解 (A)

頻出単語
- (A) **duty** [djúːti] 图 業務;義務;(通例、複数)関税
- (B) **knowledge** [nάlidʒ] 图 知識
- (C) **belongings** [bilɔ́ːŋiŋz] 图 (複数で)所持品・身の回り品
- (D) **fortune** [fɔ́ːrtʃən] 图 財産;運;幸運　make a fortune(財を成す)

Q30 解答プロセス

STEP 1 revisions は「訂正」。空所は、訂正を加えられるもので、考えられる(consider)ものでもある。

STEP 2 (B) proposal(提案)が最適。(A) concern は「心配;関心事」で訂正を加えられない。

> make a proposal で「提案をする」「プロポーズする」の意味。動詞は propose(提案する)。

訳 提案にいくつかの修正を加えましたので、それをご検討いただければと思います。

正解 (B)

頻出単語
- (A) **concern** [kənsə́ːrn] 图 心配;関心事
- (B) **proposal** [prəpóuzəl] 图 提案;計画;(結婚の)プロポーズ
- (C) **honor** [ánər] 图 光栄;尊敬
  It's an honor to meet you.(お目にかかれて光栄です)
- (D) **emotion** [imóuʃən] 图 感情

目標タイム **50** 秒

Q31

This new offer on the table will work to our ------- if we accept it.

(A) advantage
(B) amount
(C) article
(D) ability

Ⓐ Ⓑ Ⓒ Ⓓ

• on the table 検討中の

Q32

Our corporation is thriving and many of our top executives make six-figure -------.

(A) accounts
(B) branches
(C) incomes
(D) notices

Ⓐ Ⓑ Ⓒ Ⓓ

500点レベル

Q31 解答プロセス

STEP 1 work to our ------- の work は「機能する」の意味。新しいオファーを我々が受け入れたら、どう機能するか。

STEP 2 (A) advantage（有利）を入れれば、「有利に機能する」となり、文意が通る。

> to one's advantage で「～に有利なように」、take advantage of で「～を利用する」。

訳 検討中のこの新しいオファーは、もし受け入れれば我々に利するだろう。

正解 (A)

頻出単語

- (A) **advantage** [ədvǽntidʒ] 名 優位；利点
- (B) **amount** [əmáunt] 名 量；金額　the amount due（支払うべき金額）
- (C) **article** [ɑ́ːrtikəl] 名 記事；(契約書などの) 条項
- (D) **ability** [əbíləti] 名 能力；才能
  leadership ability（指導者としての能力）

Q32 解答プロセス

STEP 1 経営幹部の多く（many of our top executives）をヒントに、6桁（six-figure）が何のものかを考える。動詞 make の目的語になる必要もある。

STEP 2 (C) incomes は「収入；所得」の意味で、make incomes で「収入を得る」となり、米ドル換算とすれば「6桁の」ともつじつまが合う。

> 「収入を得る」は earn an income とも言う。annual income で「年収」。earnings、salary、pay などが類義語。

訳 当社は成功していて、経営幹部の多くは6桁の収入を稼いでいる。

正解 (C)

頻出単語

- (A) **account** [əkáunt] 名 （銀行などの）口座；説明；顧客
  an account representative（顧客担当者）
- (B) **branch** [bræntʃ] 名 支社；支店
- (C) **income** [ínkʌm] 名 収入；所得
- (D) **notice** [nóutəs] 名 告知；掲示；注意
  Prices may change without notice.（価格は予告なく変更されることがあります）

Q33

Ray is a competent programmer who was able to learn code without any formal -------.

(A) destination
(B) contribution
(C) reservation
(D) instruction

Ⓐ Ⓑ Ⓒ Ⓓ

Q34

According to the latest market -------, our product's design is what attracts our customers.

(A) direction
(B) supply
(C) research
(D) attempt

Ⓐ Ⓑ Ⓒ Ⓓ

500点レベル

Q33 解答プロセス

STEP 1 was able to learn code without any formal ------- は「公式の〜なしに、（プログラミングの）コードを身につけることができた」という意味。

STEP 2 文脈と formal との結びつきから (D) instruction（教育）を選べる。

> instructions と複数にして「指示書；マニュアル」を指す。動詞は instruct（指示する；教育する）、形容詞は instructive（役に立つ；教育的な）。

訳 レイは有能なプログラマーで、公式の教育を受けずにコードを身につけることができた。

正解 (D)

頻出単語

- (A) **destination** [dèstinéiʃən] 名 目的地
  a popular destination（人気のある旅行先）
- (B) **contribution** [kàntribjúːʃən] 名 貢献；寄付；積立金
- (C) **reservation** [rèzərvéiʃən] 名 予約；留保
- (D) **instruction** [instrʌ́kʃən] 名 指示；教育

Q34 解答プロセス

STEP 1 the latest market ------- は「最新の市場の〜」。According to は「〜によると」の意味で、情報の出所を導く。つまり、空所は何らかの情報ということになる。

STEP 2 選択肢で情報に近いのは (A) direction（指示）か (C) research（調査）だが、market との結びつきを考えて、(C) を選ぶ。

> conduct [carry out] research で「研究を行う」。research and development（研究・開発）という表現も覚えておこう。R&D と略す。

訳 最新の市場調査によると、当社の製品のデザインが顧客を引きつけている要素だ。

正解 (C)

頻出単語

- (A) **direction** [dərékʃən] 名 方向；方針；指示
- (B) **supply** [səplái] 名 供給；(通例、複数) 用品　office supplies（事務用品）
- (C) **research** [ríːsəːrtʃ, risə́ːrtʃ] 名 研究；調査　他 研究する；調査する
- (D) **attempt** [ətémpt] 名 試み；挑戦　make an attempt（試みる）

目標タイム **50** 秒

Q35

We're making ------- on the promotion and should be able to announce a release date shortly.

(A) progress
(B) trade
(C) fair
(D) cooperation

Ⓐ Ⓑ Ⓒ Ⓓ

Q36

Ms. Degas has accepted the ------- of the contract and is expected to sign it later today.

(A) factors
(B) sites
(C) occasions
(D) terms

Ⓐ Ⓑ Ⓒ Ⓓ

500点レベル

Q35 解答プロセス

STEP 1 後半の「まもなく発売日を発表できるだろう」から、promotion は「販売促進」の意味だとわかる。その販売促進がどうなっているのか。

STEP 2 動詞 make との結びつきも考えて、(A) progress（進展）を選ぶ。「販売促進が進展していて、まもなく発売日を発表できる」と文意が通る。

make progress（進展 [進歩] する）で覚えておこう。make advance も同様の意味。

訳 販売促進は進展しているので、まもなく発売日を発表できるだろう。

正解 (A)

頻出単語

- (A) **progress** [prágrəs] 名 進歩；進展
- (B) **trade** [tréid] 名 取引；貿易
- (C) **fair** [féər] 名 見本市；品評会　a trade fair（貿易見本市）
- (D) **cooperation** [kouàpəréiʃən] 名 協力
  in cooperation with（～と協力 [提携] して）

Q36 解答プロセス

STEP 1 the ------- of the contract から、「契約書」に関連するものである。文脈は、「契約書の～を受け入れているので、今日遅くに署名するだろう」。

STEP 2 term は多義語だが、複数で terms とすると「条件」という意味になる。したがって、(D) が正解。

terms and conditions という表現で「条件」の意味でよく使う。conditions も同様の意味。

訳 デガスさんは契約の条件を受け入れているので、今日遅くにも署名してくれるでしょう。

正解 (D)

頻出単語

- (A) **factor** [fæktər] 名 要因；要素　a key factor（カギになる要因）
- (B) **site** [sáit] 名 土地；ウェブサイト　a construction site（建設現場）
- (C) **occasion** [əkéiʒən] 名 場合；出来事
  a social occasion（社交の機会）
- (D) **term** [tə́:rm] 名 （複数で）条件；専門用語；学期；（複数で）関係

Q37

This area is authorized for government ------- only so visitors must stay within the lobby.

(A) applicants
(B) equipment
(C) facilities
(D) personnel

Ⓐ Ⓑ Ⓒ Ⓓ

Q38

Let's interview the ------- for the directorial position from early next week.

(A) candidates
(B) departments
(C) unions
(D) respondents

Ⓐ Ⓑ Ⓒ Ⓓ

500点レベル

Q37 解答プロセス

STEP 1 This area is authorized for government ------- only は「この区域は政府の〜にのみに（入場が）認められている」という意味。

STEP 2 空所には人が入ると考えられる。(A) applicants（候補者）と (D) personnel（人員；職員）が人だが、文脈から (D) を選ぶ。

「人事部」の意味でも使う。同様の意味の human resources（人事部；人材）も覚えておこう。

訳 この区域は政府職員にのみに入場が認められているので、訪問者はロビーの中にとどまらなければならない。

正解 (D)

頻出単語

- (A) **applicant** [ǽplikənt] 名 応募者；志願者
- (B) **equipment** [ikwípmənt] 名 機器；装置
  office equipment（オフィス機器）
- (C) **facility** [fəsíləti] 名 設備；施設；手段
  a manufacturing facility（製造設備）
- (D) **personnel** [pə̀ːrsənél] 名 人事（部）；人員

Q38 解答プロセス

STEP 1 interview は「面接する」の意味。また面接する相手は ------- for the directorial position から「部長職」の何かである。

STEP 2 (A) candidates（候補者）がぴったり。

人材採用の場面でよく使う必須語。applicant（応募者）も頻出。なお、「最終候補者」の意味で shortlist が使われることがある。

訳 来週のはじめから、部長職の候補者の面接をしましょう。

正解 (A)

頻出単語

- (A) **candidate** [kǽndidèit] 名 候補者
  an ideal candidate（理想的な候補者）
- (B) **department** [dipáːrtmənt] 名 部門
  the accounting department（経理部）
- (C) **union** [júːnjən] 名 （労働）組合
- (D) **respondent** [rispándənt] 名 応答者；回答者

Q39

We really need to start cutting corners so we can stretch the household ------- a bit further.

(A) waste
(B) budget
(C) refund
(D) property

Q40

Please read the ------- for information concerning the relocation of our headquarters.

(A) vote
(B) workplace
(C) handout
(D) firm

500点レベル

Q39 解答プロセス

STEP 1 cutting corners は「節約をする」。節約をしなければならない理由は、家庭の（household）何かにもう少し余裕をもたせる（stretch）ため。

STEP 2 (B) budget は「予算」の意味で、household budget で「家庭の予算；家計」を表せて、文意が通る。

💡 an annual budget で「年間予算」、a budget deficit で「財政赤字」。

訳 私たちは、家計にもう少し余裕をもたせるために、節約を始める必要がある。

正解 (B)

頻出単語

- (A) **waste** [wéist] 名 廃棄物；浪費　a waste of time（時間の無駄）
- (B) **budget** [bʌ́dʒət] 名 予算
- (C) **refund** 名 [ríːfʌnd] 返金　return and refund policy（返品・返金方針）
  他 [rifʌ́nd] 返金する
- (D) **property** [prάpərti] 名 財産；不動産；特性

Q40 解答プロセス

STEP 1 read the ------- for information から、情報に関するもので、かつ読めるものでなければならない。

STEP 2 この2つの条件を満たすのは (C) handout（配付資料；プリント）である。

💡 hand out という動詞句で「〜を配布する」の意味。名詞の handout は「配布された資料」のこと。

訳 当社の本社移転についての情報を記載したプリントに目を通してください。

正解 (C)

頻出単語

- (A) **vote** [vóut] 名 投票 自 投票する　by majority vote（多数決で）
- (B) **workplace** [wə́ːrkplèis] 名 職場
- (C) **handout** [hǽndàut] 名 配付資料；プリント
- (D) **firm** [fə́ːrm] 名 会社　a law firm（法律事務所）　形 かたい；強固な

Q41

------- is ultimately responsible for the employees' performance as well as day-to-day operations.

(A) Insurance
(B) Signature
(C) Management
(D) Committee

Ⓐ Ⓑ Ⓒ Ⓓ

Q42

Although the tech giant announced high ------- and profit figures, its shares fell by five percent.

(A) revenue
(B) deficit
(C) capital
(D) loss

Ⓐ Ⓑ Ⓒ Ⓓ

500点レベル

Q41 解答プロセス

STEP 1 the employees' performance（社員の実績）や day-to-day operations（日々のオペレーション）に責任をもつのはだれか。

STEP 2 (C) Management は manager の集合として「経営陣」を表せるので、これが正解。

> executives（経営陣）や directors（取締役）が同様の意味。management and labor で「労使」（順番は日本語と逆）。

訳 経営陣は、日々のオペレーションとともに従業員の実績に最終的な責任を負う。

正解 (C)

頻出単語

- (A) **insurance** [inʃúərəns] 图 保険　life insurance（生命保険）
- (B) **signature** [sígnətʃər] 图 署名；特色
- (C) **management** [mǽnidʒmənt] 图 経営（陣）；管理
- (D) **committee** [kəmíti] 图 委員会
  a hiring committee（人材採用委員会）

Q42 解答プロセス

STEP 1 選択肢はいずれもお金に関する語。announced high ------- and profit figures で「高い～と利益の数字を発表した」。and で profit と並列できるポジティブな言葉でなければならない。

STEP 2 (A) revenue は「収入」の意味なので、これが適切。

> 主に会社や団体の収入を指す。turnover とも言う。

訳 そのハイテク大手は高い収入と利益を発表したが、株価は5％下落した。

正解 (A)

頻出単語

- (A) **revenue** [révənjùː] 图 収入；収益
- (B) **deficit** [défəsit] 图 欠損；赤字　trade deficits（貿易赤字）
- (C) **capital** [kǽpətəl] 图 資本（金）；大文字
  write in capitals（大文字で書く）
- (D) **loss** [lɔ́ːs] 图 損失；赤字；紛失

Q43

Can you please connect me to ------- 253 in the human resources department?

(A) receptionist
(B) lane
(C) extension
(D) chart

Ⓐ Ⓑ Ⓒ Ⓓ

Q44

Our new handheld ------- has unique features that are poised to revolutionize the tech industry.

(A) cargo
(B) device
(C) parcel
(D) garbage

Ⓐ Ⓑ Ⓒ Ⓓ

500点レベル

Q43 解答プロセス

STEP 1 Can you please connect me to ~? は、電話をつないでもらうときの依頼のフレーズ。

STEP 2 また、253の後ろに部署名（the human resources department）が続くことから、253は内線番号と考えられる。(C) extension（内線）が正解。

> 動詞は extend（延長する）で、extension（内線）は主線から延長されたイメージ。ext. と略す。

訳 この電話を人事部の内線253番に転送していただけますか。

正解 (C)

頻出単語
- (A) **receptionist** [risépʃənist] 名 受付係
- (B) **lane** [léin] 名 小道；路地；車線　the outside lane（外側車線）
- (C) **extension** [iksténʃən] 名 （電話の）内線；延長
- (D) **chart** [tʃɑ́ːrt] 名 図表；海図　a pie chart（円グラフ）

Q44 解答プロセス

STEP 1 handheld は「手で扱える」という意味。また、has unique features から「画期的な機能をもっている」ものである。

STEP 2 これら2点から、(B) device（機器）が選べる。

> 特定の目的に使う機械や電子機器を指す。他に、「手段」という意味もある。Twitter is an effective marketing device.（ツイッターは効果的な販促の手段だ）

訳 当社の新しい携帯機器は、ハイテク業界に革命をもたらすような画期的な機能を備えている。

正解 (B)

頻出単語
- (A) **cargo** [kɑ́ːrgou] 名 貨物
  load and unload cargo（貨物を積み降ろしする）
- (B) **device** [diváis] 名 機器；装置
- (C) **parcel** [pɑ́ːrsəl] 名 小包；小荷物
- (D) **garbage** [gɑ́ːrbidʒ] 名 （生）ごみ　take out garbage（ごみを出す）

目標タイム **50** 秒

Q45

The sports team signed a two-year ------- with the sponsor to endorse its entire product line.

(A) output
(B) employee
(C) industry
(D) deal

Ⓐ Ⓑ Ⓒ Ⓓ

• endorse 〜を宣伝する

Q46

Please help yourselves to free ------- in the lobby after the CEO's speech and presentation.

(A) refreshments
(B) earnings
(C) attractions
(D) vehicles

Ⓐ Ⓑ Ⓒ Ⓓ

500点レベル

Q45 解答プロセス

STEP 1 The sports team signed a two-year ------- with the sponsor から、スポーツチームが署名したもので、それはスポンサーと2年間という期間にわたるものである。

STEP 2 (D) deal には「契約」という意味があるので、これが正解。

> seal a deal で「契約する」、land [strike] a deal で「取引を獲得する」。口語で Done deal. は「これで決まりだ」というフレーズ。

訳 そのスポーツチームは、スポンサーが製品ライン全体を宣伝できる2年間の契約に署名した。

正解 (D)

頻出単語

- □ (A) **output** [áutpùt] 名 生産高
- □ (B) **employee** [èmplɔííː] 名 社員；被雇用者　employer（雇用主）
- □ (C) **industry** [índəstri] 名 産業；工業
- □ (D) **deal** [díːl] 名 取引；契約

Q46 解答プロセス

STEP 1 Please help yourselves to ~は「~を自由にお取りください」で、食べ物などを人に勧めるフレーズ。ここではCEOのスピーチとプレゼンの後でロビーで出されるものである。

STEP 2 (A) refreshments（軽い飲食物）が自然である。

> 動詞は refresh（気分転換する）で、refreshments は「(気分転換できる) 軽い飲食物」のこと。TOEIC では講演会やイベントのシーンでよく出る。

訳 CEOのスピーチとプレゼンが終わった後、ロビーにて無料の軽食をお楽しみください。

正解 (A)

頻出単語

- □ (A) **refreshment** [rifréʃmənt] 名 (複数で) 軽い飲食物；気分転換
- □ (B) **earnings** [ə́ːrniŋz] 名 収入
- □ (C) **attraction** [ətrǽkʃən] 名 魅力；(イベント・観光地などの) 人を引きつけるもの
- □ (D) **vehicle** [víːəkəl] 名 車両；手段

Q47

When the new freeway construction is completed, my time spent ------- will be cut in half.

(A) importing
(B) commuting
(C) parking
(D) wiping

Q48

These stainless steel ------- are very sturdy and are guaranteed to last for 20 years.

(A) editions
(B) drafts
(C) brochures
(D) utensils

• sturdy　丈夫な；耐久性のある

500点レベル

Q47 解答プロセス

STEP 1 前半は「新しい高速道路の建設が完了するとき」。そのときに私の何に使う時間が半分に短縮される（will be cut in half）のかを考える。
STEP 2 (B) commuting（通勤）が最適である。

> commute は動詞・名詞ともに同じ形。telecommute なら「在宅勤務をする」。telework とも言う。

訳 新しい高速道路の建設が完了すれば、私の通勤時間は半分になるだろう。

正解 (B)

頻出単語

- (A) **import** [impɔ́:rt] 他 輸入する　名 [´--] 輸入
- (B) **commute** [kəmjú:t] 自 通勤［通学］する
- (C) **park** [pá:rk] 他 自 駐車する　park a car（駐車する）
- (D) **wipe** [wáip] 他 拭く；ぬぐう　wipe a window（窓を拭く）

Q48 解答プロセス

STEP 1 These stainless steel ------- からステンレススチール製のものである。また、後半から「20年間の使用が保証されている」。
STEP 2 選択肢で適切なのは、(D) utensils（台所用品）しかない。

> 主に「台所用品；家庭用品」の意味で使う。一般的な「道具」の意味で、writing utensils（筆記具）のように使うこともある。

訳 これらステンレススチール製の台所用品はとても丈夫で、20年間の使用が保証されている。

正解 (D)

頻出単語

- (A) **edition** [idíʃən] 名（雑誌・新聞などの）版；（テレビ番組などの）1回分
- (B) **draft** [dræft] 名 下書き；草案　a draft of the contract（契約書の草案）
- (C) **brochure** [brouʃúər] 名 小冊子　a company brochure（会社案内）
- (D) **utensil** [juténsəl] 名 台所用品；家庭用品

Q49

The third stage of the construction process will get ------- in 10 days.

(A) after all
(B) under way
(C) for instance
(D) by accident

Ⓐ Ⓑ Ⓒ Ⓓ

Q50

Ms. Fillmore was confident that she could ------- the assigned duties in a timely fashion.

(A) turn off
(B) refer to
(C) fill in
(D) carry out

Ⓐ Ⓑ Ⓒ Ⓓ

500点レベル

Q49 解答プロセス

STEP 1 主語は「建設の第3工期」。それが10日後にどうなるか。
STEP 2 動詞の get は「~になる」の意味で、(B) under way（進行して）を入れると、「着工される」になり文意が通る。

> 前置詞 under は「~の最中で」の意味で、さまざまな言葉と結びつけて使う。under consideration [review]（検討中で）、under construction（建設中で）、under development（開発中で）

訳 建設の第3工期が10日後に着工される。

正解 (B)

頻出熟語

- (A) **after all** 結局のところ；やはり
- (B) **under way** 進行中で
- (C) **for instance** たとえば
- (D) **by accident** 偶然に

Q50 解答プロセス

STEP 1 the assigned duties は「割り当てられた仕事」。これを目的語にできる動詞句は何か。
STEP 2 (D) carry out（~を実行する；~を完了する）が最適である。

> conduct や perform が類義語。業務・計画・調査など、さまざまなものを「実行・実施する」という意味で使う。

訳 フィルモアさんは、割り当てられた業務を時間通りに実行することに自信を持っていた。

正解 (D)

頻出熟語

- (A) **turn off** （電気などを）消す・切る　turn off the TV（テレビを消す）
- (B) **refer to** ~を参照する；~に言及する
  Refer to Page 21.（21ページ参照）
- (C) **fill in** ~に記入する　fill in a form（書式に記入する）
- (D) **carry out** ~を実行する

Q51

The HR director is trying her best to ------- the high number of employee absences.

(A) deal with
(B) hand in
(C) lay off
(D) bring about

Ⓐ Ⓑ Ⓒ Ⓓ

Q52

Your business plan looks perfect ------- one little detail that you left out.

(A) contrary to
(B) up against
(C) except for
(D) along with

Ⓐ Ⓑ Ⓒ Ⓓ

• leave out 〜を抜かす

500点レベル

Q51 解答プロセス

STEP 1 目的語の the high number of employee absences は「社員の欠勤が多いこと」という意味。これを HR director（人事部長）がどうするかを考える。

STEP 2 (A) deal with には「〜に対処する」という意味があり、これがぴったり。

> 仕事や問題などに「対処する」、話題などを「取り上げる」ときに使う。deal in は店や会社が「（商品を）扱う・商う」という意味。

訳 人事部長は、社員の欠勤が多いことに何とか対処しようとしている。

正解 (A)

頻出熟語

- (A) **deal with** 〜に対処する；〜を取り扱う
- (B) **hand in** 〜を提出する　hand in a report（レポートを提出する）
- (C) **lay off** 〜を解雇する；〜をやめる
- (D) **bring about** 〜をもたらす；〜を引き起こす

Q52 解答プロセス

STEP 1 perfect までは「あなたの事業計画は完ぺきなように見える」。空所の後は「あなたが入れ忘れたちょっとした詳細の1つ」。

STEP 2 後者を例外として扱える (C) except for（〜を除いて）を入れると文意が通る。

> except 単独でも使える every day except Sunday（日曜日以外はどの日でも）。except that 〜で節を従えることもできる。

訳 あなたが入れ忘れたちょっとした詳細の1つを除いて、あなたの事業計画は完璧なように見える。

正解 (C)

頻出熟語

- (A) **contrary to** 〜に反して
- (B) **up against** 〜に立てかけて；（問題などに）直面して
  an umbrella up against the wall（壁に立てかけてある傘）
- (C) **except for** 〜を除いて
- (D) **along with** 〜と一緒に

動詞 / 形容詞・副詞 / 名詞 / ビジネス・生活語 / イディオム

Q53

Ms. Koh did an exceptional job ------- the obstacles she faced along the way.

(A) in spite of
(B) in favor of
(C) in honor of
(D) in search of

Ⓐ Ⓑ Ⓒ Ⓓ

Q54

------- the weather report, it'll rain heavily tomorrow so we should postpone our outdoor event.

(A) According to
(B) Thanks to
(C) Next to
(D) With regard to

Ⓐ Ⓑ Ⓒ Ⓓ

500点レベル

Q53 解答プロセス

STEP 1 job までは「コーさんはたぐいまれな仕事（an exceptional job）をした」。空所の後は「途中で直面した障害」。

STEP 2 後者を否定するイディオムが必要なので、(A) in spite of（〜にもかかわらず）を選ぶ。

> 同じ意味を1語で despite と言える。こちらは単独で使うので注意。

訳 コーさんは、途中で障害に直面したにもかかわらず、たぐいまれな仕事をした。

正解 (A)

頻出熟語
- (A) **in spite of** 〜にもかかわらず
- (B) **in favor of** 〜を支持して；〜を好んで
- (C) **in honor of** 〜に敬意を表して
- (D) **in search of** 〜を探し求めて

Q54 解答プロセス

STEP 1 空所の後は the weather report（天気予報）。カンマの後は「明日は豪雨である」。空所には情報の出所を示す表現が入る。

STEP 2 (A) According to（〜によると）は情報の出所を示す表現で、「天気予報によると」となり、文意が通る。

> in accordance with は「（規則・基準などに）応じて・従って」というイディオム。accordingly は「それに従って；その結果」という意味の副詞。

訳 天気予報によると、明日は豪雨なので、屋外イベントは延期したほうがいいでしょう。

正解 (A)

頻出熟語
- (A) **according to** 〜によると；〜に応じて
- (B) **thanks to** 〜のおかげで
- (C) **next to** 〜の隣に；〜の次に
  sit next to each other（隣同士で座る）
- (D) **with regard to** 〜に関して

目標タイム 50 秒

Q55

The CEO ------- a last-minute budget meeting at the end of the day.

(A) pointed out
(B) looked after
(C) called for
(D) disposed of

Ⓐ Ⓑ Ⓒ Ⓓ

Q56

------- a glitch in the network, we won't have an online connection today.

(A) In charge of
(B) Due to
(C) In addition to
(D) As for

Ⓐ Ⓑ Ⓒ Ⓓ

• glitch　不具合

500点レベル

Q55 解答プロセス

STEP 1 The CEO ------- a last-minute budget meeting から、CEO が最終的な予算会議をどうしたかを考える。

STEP 2 選択肢では (C) called for（〜を求めた）しか文脈に合うものはない。

> require や need、demand が類義語。米国用法で「天候を予想する」という意味がある。The forecast called for shower.（天気予報ではにわか雨ということだった）

訳 CEOはその日の終わりに、最終的な予算会議をすることを求めた。

正解 (C)

頻出熟語

- (A) **point out** 〜を指摘する　point out errors（間違いを指摘する）
- (B) **look after** 〜の世話をする；〜に気を配る
  look after kids（子供の面倒をみる）
- (C) **call for** 〜を要求する
- (D) **dispose of** 〜を処分する；〜を廃棄する
  dispose of the matter（その件を処理する）

Q56 解答プロセス

STEP 1 glitch は「不具合」で、空所からカンマまでは「ネットワークの不具合が〜」。we 以降は「今日はインターネット接続ができそうにない」。

STEP 2 不具合が原因でインターネット接続ができないと考えられるので、原因を示すイディオムの (B) Due to（〜が原因で）を選ぶ。

> because of や owing to と同様の意味。The delay is due to the quake.（遅れは地震が原因だ）のように due を文中で形容詞として使える。

訳 ネットワークの不具合が原因で、今日はインターネット接続ができそうにない。

正解 (B)

頻出熟語

- (A) **in charge of** 〜を担当して
  I'm in charge of the project.（私はそのプロジェクトの担当です）
- (B) **due to** 〜が原因で
- (C) **in addition to** 〜に加えて
- (D) **as for** 〜については

Q57

Mr. Kamir's son will ------- his position when he retires next month.

(A) take advantage of
(B) take off
(C) take part in
(D) take over

Ⓐ Ⓑ Ⓒ Ⓓ

Q58

Let's ------- the details about the new sales campaign today over lunch.

(A) try on
(B) stop by
(C) rely on
(D) go over

Ⓐ Ⓑ Ⓒ Ⓓ

500点レベル

Q57 解答プロセス

STEP 1 when の次の he は Mr. Kamir で、彼が引退すると、息子がその職位（position）をどうするかを考える。

STEP 2 (D) take over（〜を引き継ぐ）がぴったり。

> 日常業務を代わりにするという軽い意味でも使える。take over Bill's duties when he is out of town（出張中のビルの業務を引き受ける）。「買収する」という意味の例は take over a small startup（小さな新設会社を買収する）。

訳 カミールさんが来月引退すれば、息子が職位を継ぐことになる。

正解 (D)

頻出熟語

- (A) **take advantage of** 〜を利用する；〜につけこむ
- (B) **take off** （飛行機が）離陸する；（計画などが）軌道に乗る
- (C) **take part in** 〜に参加する
  take part in a contest（コンテストに参加する）
- (D) **take over** （仕事など）を引き継ぐ；（会社）を買収する

Q58 解答プロセス

STEP 1 空所の後は「新しい販売キャンペーンの詳細」。それをお昼を食べながら（over lunch）どうするか。

STEP 2 (D) go over（検討する）が最適。

> ビジネスでは書類や企画を「検討する；目を通してチェックする」の意味でよく使う。

訳 今日、お昼ご飯を食べながら、新しい販売キャンペーンの詳細を検討しましょう。

正解 (D)

頻出熟語

- (A) **try on** 〜を試着する
  Can I try on this jacket?（このジャケットを試着してもいいですか）
- (B) **stop by** 〜に立ち寄る
  I'll stop by the bank later.（後で銀行に寄ります）
- (C) **rely on** 〜を頼りにする
- (D) **go over** 〜を調べる；〜を検討する；〜を超える

Q59

Mr. Tanner decided to outsource the work ------- attempting to do it himself.

(A) in case of
(B) instead of
(C) up to
(D) regardless of

Q60

Please arrange the files ------- and in an upright position in the cabinet.

(A) free of charge
(B) out of order
(C) side by side
(D) as a whole

500点レベル

Q59 解答プロセス

STEP 1 work までは「タナーさんは仕事を外部委託することを決めた」。空所の後は「それを自分自身でしようとする（こと）」。

STEP 2 前者と後者は逆のことなので、後者を否定する (B) instead of（～ではなく）が正解となる。

> instead は単独で、「そうではなくて」「それどころか」という意味のつなぎ言葉として使える。

訳 タナーさんは、その仕事を自分自身でしようとするのではなく、外部委託することを決めた。

正解 (B)

頻出熟語

- (A) **in case of** ～の場合には；～に備えて
- (B) **instead of** ～ではなく；～の代わりに
- (C) **up to** ～しだいで；～まで；～に従事して
  It's up to you.（あなたしだいです）
- (D) **regardless of** ～にかかわらず

Q60 解答プロセス

STEP 1 arrange the files は「ファイルを整理する」という意味。その後に空所と in an upright position（直立させて）が並列されている。したがって、空所も「直立させて」と同様にファイルの整理法と考えられる。

STEP 2 選択肢の中で整理法を表せるのは (C) side by side（並んで）のみ。

> Part 1 で、モノや車などが並べられている写真を表現するのに使われる。

訳 それらのファイルは、キャビネットの中に並べて、直立させて入れてください。

正解 (C)

頻出熟語

- (A) **free of charge** 無料で
- (B) **out of order** 故障して；不調で
- (C) **side by side** 並んで；隣り合って
- (D) **as a whole** 全体として

TOEIC 英単語のヒント②
Part 5 の品詞識別は語尾に注目！

　Part 5 には、同じ語幹で品詞が異なる単語が選択肢に並ぶ「品詞識別問題」が数問出ます。単語の意味を知らなくても解けるので、600 点をめざす学習者は確実に得点しておきたいところです。どの品詞かは語尾で見分けられるものが数多くあります。基本を知っておきましょう。

(名詞の語尾)
- -tion　option（選択肢）
- -ment　movement（動き）
- -ity　quality（品質）
- -ness　kindness（親切）
- -sion　decision（決定）
- -nce　convenience（便利）
- -ship　membership（会員資格）
- -cy　efficiency（効率性）

(形容詞の語尾)
- -ble　capable（可能な）
- -ful　resourceful（能力がある）
- -ive　competitive（競争力のある）
- -ous　enormous（莫大な）
- -al　mutual（相互の）
- -ent　sufficient（十分な）
- -ic　domestic（国内の；家庭の）
- -que　picturesque（絵のように美しい）

(動詞の語尾)
- -fy　satisfy（満足させる）
- -ze　realize（理解する；実現する）
- -ire　inquire（問い合わせる）
- -en　shorten（短くする）
- -ate　create（作り上げる；創造する）

(副詞の語尾)
- -ly　annually（毎年）　　　　respectively（それぞれ）

(注意すべき例外)
- **語尾 -ly なのに、副詞ではなく形容詞**
  orderly（整理された）　　　　timely（時宜を得た）
- **語尾 -ly で、形容詞としても副詞としても使う**
  only（唯一の；ただ）　　　　quarterly（四半期の；四半期で）

Chapter 3

600点レベル
TOEIC重要語にチャレンジ

- 動詞 ……………………… 136
- 形容詞・副詞 …………… 148
- 名詞 ……………………… 160
- ビジネス・生活語 ……… 172
- イディオム ……………… 184

目標タイム **60**秒

Q1

Tomorrow we'll talk about ------- a new dress code that should be more seasonal.

(A) predicting
(B) recovering
(C) shipping
(D) implementing

Ⓐ Ⓑ Ⓒ Ⓓ

Q2

The captain has switched on the fasten-seatbelt sign so please ------- from moving around the cabin.

(A) refrain
(B) renew
(C) regret
(D) reduce

Ⓐ Ⓑ Ⓒ Ⓓ

600点レベル

Q1 解答プロセス

STEP 1 a new dress code（新しい服装規定）をどうすることを話し合うのか。

STEP 2 選択肢で文意に合うのは、(D) implementing（実施すること）しかない。

> ビジネスで好まれるフォーマルな響きの語。carry out や perform と同様の意味。名詞として、「道具；用具」の意味がある。

訳 我々は明日、より季節変化に対応した新しい服装規定の実施について話し合う。

正解 (D)

頻出単語

- (A) **predict** [pridíkt] 他 予測する
- (B) **recover** [rikʌ́vər] 他 取り戻す；回復する 自 回復する（from 〜）
  recover from shock（ショックから立ち直る）
- (C) **ship** [ʃíp] 他 発送する；運送する　ship an order（注文品を発送する）
- (D) **implement** [ímplimènt] 他 実行する；履行する

Q2 解答プロセス

STEP 1 sign までは「機長がシートベルト着用の表示を点灯した」。それで、機内を歩き回る（moving around the cabin）のをどうしてほしいのか。from と結びつく自動詞というのも条件。

STEP 2 refrain from で「〜を控える」なので、(A) が正解となる。

> refrain は自動詞として使い、目的語を続けるときには前置詞の from が必要。類義表現に abstain from がある。名詞は refrainment（がまん）。

訳 機長がシートベルト着用の表示を点灯しましたので、機内を歩かないようにお願いします。

正解 (A)

頻出単語

- (A) **refrain** [rifréin] 自 控える・慎む（from 〜）
- (B) **renew** [rinjú:] 他 更新する
  renew a subscription（定期購読を更新する）
- (C) **regret** [rigrét] 他 後悔する；残念に思う 名 後悔；残念；哀悼
- (D) **reduce** [ridjú:s] 他 減少させる 自 減少する

Q3

Remember that our small firm cannot ------- to make a mistake with any of our client's campaigns.

(A) afford
(B) address
(C) acquire
(D) apologize

Ⓐ Ⓑ Ⓒ Ⓓ

Q4

We discussed targeting all types of media when we ------- our next product at the marketing meeting yesterday.

(A) indicate
(B) launch
(C) conduct
(D) reflect

Ⓐ Ⓑ Ⓒ Ⓓ

600点レベル

Q3 解答プロセス

STEP 1 cannot ------- to make a mistake から、失敗をすることがどうでできないのか。to do を続けられる動詞であることもポイント。

STEP 2 afford to do で「〜する余裕がある」という意味なので、ここでは「失敗をする余裕がない」となり、文意が通る。(A) が正解。

> 「金銭的・時間的な余裕がある」という意味。〈can [cannot] afford to do〉（〜する余裕がある［ない］）と can や不定詞とよく一緒に使われる。

訳 私たちの小さな会社は、クライアントのキャンペーンで失敗をする余裕などないことを覚えておいてください。　　　　　　　　　　　　　　　　**正解 (A)**

頻出単語

- (A) **afford** [əfɔ́ːrd] 他 〜する余裕がある
- (B) **address** [ədrés] 他 （課題などに）取り組む；呼びかける；講演する
  　　address customer complaints（顧客のクレームに対処する）
- (C) **acquire** [əkwáiər] 他 獲得する；身につける
- (D) **apologize** [əpɑ́lədʒàiz] 自 謝罪する
  　　apologize to A for B（Bという理由でAに謝る）

Q4 解答プロセス

STEP 1 目的語は our new product（新製品）である。新製品をどうするかを考える。そのときに、すべての種類のメディアを対象にする（targeting all types of media）ということもヒントになる。

STEP 2 (B) launch（発売する）を選べば、「新製品を発売するとき、すべてのメディアを対象にする」となり、文意が通る。

> 商品を「発売する」、プロジェクトを「始める」という文脈でよく使う。名詞も同形。

訳 昨日のマーケティング会議で、我々が新製品を発売するときにはすべての種類のメディアを対象にすることを話し合った。　　　　　　　　　　　　　**正解 (B)**

頻出単語

- (A) **indicate** [índikèit] 他 指摘する；示す
- (B) **launch** [lɔ́ːntʃ] 他 着手する；発売する；（ロケットなどを）発射する
- (C) **conduct** [kəndʌ́kt] 他 運営する；案内する；（楽団などを）指揮する
  　　conduct a survey（調査をする）
- (D) **reflect** [riflékt] 他 反映する；熟考する

Q5

The tech giant ------- a profit of $350 million in the fourth quarter, due to the sharp increase in sales.

(A) quit
(B) packed
(C) faced
(D) posted

Q6

Please give me instructions on how to ------- my name from this mailing list.

(A) upgrade
(B) submit
(C) remove
(D) prepare

600点レベル

Q5 解答プロセス

STEP 1 主語は The tech giant（ハイテク大手）で、その会社が a profit of $350 million（3億5000万ドルの利益）をどうしたかを考える。

STEP 2 (D) posted は「発表した」という意味なので、これが正解。

> 企業の業績発表によく使われる。他に、post a notice（告知を張り出す）、post a letter（手紙を投函する）、post a video（動画を投稿する）のように使える。

訳 そのハイテク大手は、売り上げが大きく伸びたおかげで、第4四半期に3億5000万ドルの利益を計上した。

正解 (D)

頻出単語

- (A) **quit** [kwít] 他 辞職する；（悪い習慣などを）やめる　quit smoking（タバコをやめる）
- (B) **pack** [pǽk] 他 詰める；荷造りする；覆う
- (C) **face** [féis] 他 対面する；直面する　face a fact（事実を直視する）
- (D) **post** [póust] 他 （業績などを）発表する；（掲示物などを）張り出す；投函する；（ウェブに）投稿する

Q6 解答プロセス

STEP 1 ------- my name from this mailing list とあるので、メーリングリストから私の名前をどうするのかを考える。前置詞の from に着目する。

STEP 2 from との関連からも (C) remove（取り除く）が適当である。remove A from B（AをBから取り除く）で覚えておこう。

> remove the mud（泥をぬぐう）や remove troops（軍を撤退させる）など、「取り除く」という幅広い意味で使える。

訳 このメーリングリストから私の名前を外す方法を教えてください。

正解 (C)

頻出単語

- (A) **upgrade** [ʌ́pgrèid] 他 刷新する；格上げする　upgrade a system（システムを刷新する）
- (B) **submit** [səbmít] 他 提出する　自 服従する（to ～）
- (C) **remove** [rimúːv] 他 取り除く；撤去する
- (D) **prepare** [pripéər] 他 準備する；用意する　自 準備を整える（for ～）

目標タイム **60** 秒

Q7

The government official ------- any involvement in the recent scandal but will still go to trial.

(A) delayed
(B) signed
(C) denied
(D) sought

Ⓐ Ⓑ Ⓒ Ⓓ

Q8

The motivational speaker held a seminar designed to ------- people to become entrepreneurs.

(A) inspire
(B) share
(C) expire
(D) inquire

Ⓐ Ⓑ Ⓒ Ⓓ

• entrepreneur　起業家

600点レベル

Q7 解答プロセス

STEP 1 any involvement in the recent scandal（最近のスキャンダルへの関与）を政府高官がどうしたか。

STEP 2 but 以下は「しかし、裁判にかけられる」なので、スキャンダルへの関与を「否定した」はず。(C) denied（否定した）が正解。

> deny は動名詞を続けて、不定詞は続けられない。反意語は admit（認める）。名詞は denial（否定；拒絶）。

訳 その政府高官は最近のスキャンダルへの関与を否定したが、裁判にかけられる。

正解 (C)

頻出単語
- (A) **delay** [diléi] 他 延期する；遅らせる　自 遅れる
- (B) **sign** [sáin] 他 署名する
- (C) **deny** [dinái] 他 否定する；拒絶する
- (D) **seek** [síːk] 他 探し求める　seek a job（職を探す）　自 探す（for ～）

Q8 解答プロセス

STEP 1 ------- people to become entrepreneurs は「人々を起業家になるように～」。

STEP 2 The motivational speaker（自己啓発講師）が開いたセミナーでもあるので、(A) inspire（鼓舞する）が適切。

> 〈inspire O to do〉（O を do するように鼓舞する）の形をとれる。名詞は inspiration（鼓舞；ひらめき）。

訳 その自己啓発講師は、人々を起業家に導くために企画されたセミナーを開催した。

正解 (A)

頻出単語
- (A) **inspire** [inspáiər] 他 鼓舞する；喚起する
- (B) **share** [ʃéər] 他 共有する；均等に分ける
- (C) **expire** [ikspáiər] 自 期限が切れる；失効する
  The contract has expired.（契約は失効した）
- (D) **inquire** [inkwáiər] 自 問い合わせる（about ～）　他 たずねる

Q9

Please ------- all the boxes that will be going to the new building next to the front door.

(A) hang
(B) stack
(C) pour
(D) cause

Ⓐ Ⓑ Ⓒ Ⓓ

Q10

In order to ------- any conflict with the sales team's plans, we will share all our data with them.

(A) charge
(B) avoid
(C) correct
(D) divide

Ⓐ Ⓑ Ⓒ Ⓓ

600点レベル

Q9 解答プロセス

STEP 1 すべての箱（all the boxes）を正面玄関のドアの脇に（next to the front door）どうするのか。

STEP 2 (B) stack（積む）が自然である。

> 「整然と積む・重ねる」という意味。名詞で使ってa stack of ~で「大量の~」。

訳 新しいビルに持って行く箱は全部、正面玄関のドアの脇に積んでください。

正解 (B)

頻出単語

- (A) **hang** [hǽŋ] 他 掛ける；取り付ける
  hang a picture on the wall（壁に絵を掛ける）　自 掛かっている
- (B) **stack** [stǽk] 他（整然と）積み上げる
- (C) **pour** [pɔ́:r] 他 注ぐ　pour water into a glass（コップに水を注ぐ）
  自 豪雨になる
- (D) **cause** [kɔ́:z] 他 引き起こす；原因となる　名 原因；動機；大義

Q10 解答プロセス

STEP 1 後半は「私たちのすべてのデータを彼らと共有しましょう」。それは販売チームの計画との矛盾（conflict）をどうするためなのか。

STEP 2 (B) avoid（避ける）を選ぶと、「矛盾を避けるために」となり、文意が通る。

> avoidには動名詞は続けられるが、不定詞は続けられないので注意。形容詞はavoidable（避けられる）、名詞はavoidance（回避）。

訳 販売チームの計画との矛盾を避けるために、私たちのすべてのデータを彼らと共有しましょう。

正解 (B)

頻出単語

- (A) **charge** [tʃá:rdʒ] 他 請求する；非難する
- (B) **avoid** [əvɔ́id] 他 避ける
- (C) **correct** [kərékt] 他 訂正する　correct typos（誤植を訂正する）
  形 正しい；ふさわしい
- (D) **divide** [diváid] 他 分ける；割り算する

動詞／形容詞・副詞／名詞／ビジネス・生活語／イディオム

145

Q11

The car manufacturer was ordered to ------- all operations until the safety issue is resolved.

(A) designate
(B) guarantee
(C) estimate
(D) suspend

Q12

To avoid foreclosure on your home, make sure you don't ------- more than it's worth when you sell it.

(A) calculate
(B) store
(C) owe
(D) issue

- foreclosure
  差し押さえ；抵当流れ

600点レベル

Q11 解答プロセス

STEP 1 安全の問題が解決されるまで（until the safety issue is resolved）、すべての操業（all operations）をどうするのか。

STEP 2 安全の問題が解決されていない段階なので、(D) suspend（中止する）を選んで「操業を中止する」とすればいい。

> suspend operations of a plant で「工場の操業を停止する」、suspend a negotiation で「交渉を中断する」。名詞は suspension（中断）。

訳 その自動車メーカーは、安全の問題が解決されるまで、すべての操業を中断するよう命じられた。

正解 (D)

頻出単語
- (A) **designate** [dézignèit] 他 指定する；指名する
- (B) **guarantee** [gærəntíː] 他 保証する；確実にする
- (C) **estimate** [éstimèit] 他 見積もる；概算する
- (D) **suspend** [səspénd] 他 中断する；停止する

Q12 解答プロセス

STEP 1 foreclosure は「（家の）差し押さえ」のこと。差し押さえを避けるために、売値を超えて（more than it's worth when you sell it）何をしないのか。

STEP 2 (C) owe には「借りる」の意味があるので、これが文脈に合う。

> 〈owe A B〉〈owe B to A〉（AにBを借りている）の2つの形を覚えておこう。お金だけでなく、恩義など精神的なものにも使える。I owe you one.（ひとつ借りができたね）

訳 家の差し押さえを避けるためには、売却価値以上の借り入れをしてはいけない。

正解 (C)

頻出単語
- (A) **calculate** [kǽlkjəlèit] 他 計算する；推定する
- (B) **store** [stɔ́ːr] 他 保存する；蓄える
- (C) **owe** [óu] 他 借りている；恩義がある
- (D) **issue** [íʃuː] 他 発行する；支給する
  issue a statement（声明を発表する）

Q13

Our latest real estate venture has turned out to be a very ------- investment.

(A) lucrative
(B) overall
(C) satisfied
(D) upcoming

Q14

The plan for the building expansion was approved by the board by a ------- vote.

(A) generous
(B) decent
(C) precious
(D) unanimous

600点レベル

Q13 解答プロセス

STEP 1 investment（投資）を修飾するのに適当なものは何か。very で強調できる「程度」を表す形容詞である必要もある。

STEP 2 (A) lucrative（利益のあがる）が最適。(C) satisfied は「（人が）満足した」という意味で不適。satisfying と現在分詞の形なら可能。

> profitable と同様の意味で、ビジネスでよく使う。a lucrative job（高収入の仕事）、a lucrative offer（報酬のいいオファー）など。

訳 我々の最新の不動産事業はきわめて収益性の高い投資になった。

正解 (A)

頻出単語

- (A) **lucrative** [lúːkrətiv] 形 利益のあがる；もうかる
- (B) **overall** [òuvərɔ́ːl] 形 全体の 副 全部で
- (C) **satisfied** [sǽtisfàid] 形 満足した
- (D) **upcoming** [ʌ́pkʌ̀miŋ] 形 近く起こる
  an upcoming election（来るべき選挙）

Q14 解答プロセス

STEP 1 by a ------- vote の vote は「投票；票決」の意味で、取締役会がどのような票決で承認したかを考える。

STEP 2 (D) unanimous は「全会一致の」という意味で、vote をうまく修飾でき、文脈に合う。

> 会議などで意見が全員一致していることを表す。uni-（1つの）+ animous（心の）より。反意語は divided（意見の割れた）。

訳 増築計画は、取締役会に全会一致で承認された。

正解 (D)

頻出単語

- (A) **generous** [dʒénərəs] 形 気前のいい；寛大な
  a generous bonus（気前のいいボーナス）
- (B) **decent** [díːsənt] 形 満足できる；上品な
  a decent pay（適正な給与）
- (C) **precious** [préʃəs] 形 貴重な；高価な　precious metal（貴金属）
- (D) **unanimous** [junǽniməs] 形 全会一致の

Q15

Ms. Nielsen worked hard during the product recall, and was promptly promoted -------.

(A) afterward
(B) overtime
(C) besides
(D) approximately

- product recall 製品の回収；リコール

Q16

The retail giant will make an announcement about its future after suffering four ------- weeks of declining sales.

(A) competitive
(B) comfortable
(C) consecutive
(D) cordial

600点レベル

Q15 解答プロセス

STEP 1 前半は「ニールセンさんは製品リコールの際に懸命に働いた」、後半は「すぐに昇格した」。前半が後半の理由になっているが、因果関係を表現する副詞は選択肢にない。

STEP 2 そこで、時間の経過を示す副詞が入ると考えて、(A) afterward（その後）を選ぶ。

> afterwards ともつづる。later、subsequently、then などが類義語。反意語は beforehand や in advance。

訳 ニールセンさんは製品リコールの際に懸命に働いたので、その後すぐに昇格した。

正解 (A)

頻出単語

- (A) **afterward** [ǽftərwərd] 副 後で；その後
- (B) **overtime** [óuvərtàim] 副 時間外で 形 時間外の
- (C) **besides** [bisáidz] 副 さらに；そのうえ 前 〜のほかに
- (D) **approximately** [əpráksimətli] 副 おおよそ；約

Q16 解答プロセス

STEP 1 four ------- weeks とあるので、複数の週を形容するのに適当なものを探す。

STEP 2 (C) consecutive は「連続する」という意味なので、これが文意に合う。

> for three consecutive quarters で「3四半期連続で」、consecutive numbers で「通し番号」。successive が類義語。

訳 その小売り大手は、4週連続で売り上げ減に陥った後の今後について発表を行う予定だ。

正解 (C)

頻出単語

- (A) **competitive** [kəmpétətiv] 形 競争の；競争力がある
  a competitive edge（競争力）
- (B) **comfortable** [kʌ́mfərtəbəl] 形 快適な
- (C) **consecutive** [kənsékjətiv] 形 連続する
- (D) **cordial** [kɔ́ːrdʒəl] 形 心のこもった
  cordial hospitality（心からのもてなし）

Q17

Every employee is ------- to paid vacations regardless of his or her working hours.

(A) accustomed
(B) dedicated
(C) entitled
(D) superior

- paid vacations　有給休暇

Q18

The new shipment is ------- to arrive this afternoon so please make sure you're here to sign the invoice.

(A) aware
(B) lazy
(C) potential
(D) due

600点レベル

Q17 解答プロセス

STEP 1 すべての社員（Every employee）は有給休暇（paid vacations）に対してどうなのか。

STEP 2 (C) entitled は〈be entitled to 〜〉で「〜の権利がある」という意味で使えるので、これが正解。

> be entitled to 以下は名詞でも動詞原形でも続けられる。be eligible to do [for 名詞] が同様の意味。

訳 すべての社員は勤務時間にかかわらず、有給休暇をとる権利がある。

正解 (C)

頻出単語

- (A) **accustomed** [əkʌ́stəmd] 形 慣れている
  get accustomed to（〜に慣れる）
- (B) **dedicated** [dédikèitid] 形 献身的な；一生懸命な
  be dedicated to（〜に打ち込んでいる）
- (C) **entitled** [intáitəld] 形 〜の資格［権利］がある
- (D) **superior** [supíəriər] 形 優れている　superior to A（Aより優れた）

Q18 解答プロセス

STEP 1 is ------- to arrive this afternoon とあるので、「今日の午後に届く」という予定を表す形容詞が入ると考えられる。

STEP 2 (D) due は「〜の予定で」の意味で、〈be due to do〉の形で使えるので、これが正解。

> ビジネスでは「期限［納期］が来て」の意味でもよく使う。The deadline is due Friday.（納期は金曜日です）

訳 今日の午後に新しい荷物が届く予定なので、ここにいてインボイスに署名するようにしてください。

正解 (D)

頻出単語

- (A) **aware** [əwéər] 形 意識している；知っている
  be aware of（〜を意識して［わかって］）
- (B) **lazy** [léizi] 形 怠惰な；のんびりした
- (C) **potential** [pəténʃəl] 形 見込みのある；可能性のある
  a potential client（見込み客）
- (D) **due** [djúː] 形 支払期限［納期］が来て；〜する予定で

Q19

We will do the work in-house because the cost to outsource at this time ------- exceeds our budget.

(A) mainly
(B) slightly
(C) promptly
(D) eventually

- in-house 社内で

Q20

We carry an extensive line of the world's most ------- brands of luxury goods.

(A) prestigious
(B) intensive
(C) ordinary
(D) alternative

600点レベル

Q19 解答プロセス

STEP 1 空所は「(コストが)予算を上回る (exceeds our budget)」の部分を修飾するので、程度を表す副詞が入ると考えられる。
STEP 2 (B) slightly (わずかに)が程度を表す副詞である。

> 程度が小さいことを表す副詞。a little や a bit と同様の意味。

訳 この時期に外部委託するコストは予算を少し超えるので、その仕事は社内で行うことになる。

正解 (B)

頻出単語

- (A) **mainly** [méinli] 副 主として
- (B) **slightly** [sláitli] 副 わずかに;かすかに
- (C) **promptly** [prámptli] 副 即座に;(時刻が)きっかり
- (D) **eventually** [ivéntʃuəli] 副 結局;最後には
  We'll succeed eventually.(私たちは最後には成功するだろう)

Q20 解答プロセス

STEP 1 brands of luxury goods (高級品のブランド)を形容するのにふさわしいものを選ぶ。
STEP 2 (A) prestigious (有名な;知名度のある)がぴったりである。

> 尊敬・賞賛が広く行き渡っている様子を表し、人にもモノにも使える。reputable、esteemed、acclaimed などが類義語。名詞は prestige (名声;評判)。

訳 当社は、世界で最も有名な高級品ブランドの幅広い製品ラインを扱っています。

正解 (A)

頻出単語

- (A) **prestigious** [prestíːdʒəs] 形 有名な;知名度のある
- (B) **intensive** [inténsiv] 形 集中的な;徹底的な
  an intensive course (集中コース)
- (C) **ordinary** [ɔ́ːrdənèri] 形 普通の;ありふれた
- (D) **alternative** [ɔːltə́ːrnətiv] 形 別の;型にはまらない
  an alternative route (代替ルート) 名 代わりの選択肢

Q21

The client seems ------- about the new promotion so we need to put her mind at ease.

(A) flexible
(B) intelligent
(C) qualified
(D) nervous

Ⓐ Ⓑ Ⓒ Ⓓ

Q22

The agriculture industry is poised for ------- growth due to the growing number of new innovations.

(A) permanent
(B) substantial
(C) opposite
(D) industrious

Ⓐ Ⓑ Ⓒ Ⓓ

600点レベル

Q21 解答プロセス

STEP 1 クライアントは the new promotion（新しい販売促進）についてどう思っているのか。so 以下では「私たちは彼女の気持ちを和らげる必要がある」と言っているので、ネガティブな気持ちを表す形容詞が入る。

STEP 2 (D) nervous（心配して）しか適当なものはない。

> anxious、worried、apprehensive などが類義語。名詞の nerve（神経）から「神経の」の意味もある。

訳 クライアントは新しい販売促進を心配しているようなので、私たちは彼女の気持ちを和らげる必要がある。

正解 (D)

頻出単語
- (A) **flexible** [fléksəbəl] 形 柔軟な；融通の利く
- (B) **intelligent** [intélidʒənt] 形 知性的な；頭がいい
- (C) **qualified** [kwάlifàid] 形 資格のある；能力・技能のある
  qualified candidates（資格のある候補者）
- (D) **nervous** [nə́ːrvəs] 形 心配して；神経質な；神経の

Q22 解答プロセス

STEP 1 growth（成長）を修飾する形容詞だが、due to the growing number of new innovations（数多くの新しい技術革新のおかげで）とあるので、成長は「大きい」と予測がつく。

STEP 2 (B) substantial は「相当な；かなりの」と大きな数量を表せるので、これが正解。

> 数量・規模・重要度などが大きい・高いことを表す形容詞。ビジネスではこの意味でよく使う。「実質上の」という意味もある。

訳 ますます増えている新しい技術革新のおかげで、農産業は大きく成長しそうだ。

正解 (B)

頻出単語
- (A) **permanent** [pə́ːrmənənt] 形 永遠の；正社員の
  a permanent position（正社員のポスト）
- (B) **substantial** [səbstǽnʃəl] 形 相当な；かなりの；実質上の
- (C) **opposite** [άpəzit] 形 逆の；反対側の
- (D) **industrious** [indʌ́striəs] 形 勤勉な

Q23

All business class passengers on our airline will receive a ------- grooming kit.

(A) serial
(B) complimentary
(C) present
(D) financial

Ⓐ Ⓑ Ⓒ Ⓓ

Q24

Please be sure to read the disclosure ------- before signing the license agreement.

(A) considerably
(B) unfortunately
(C) thoroughly
(D) relatively

Ⓐ Ⓑ Ⓒ Ⓓ

600点レベル

Q23 解答プロセス

STEP 1 ビジネスクラスの乗客が受け取る（will receive）グルーミングセットはどんなものか。

STEP 2 (B) complimentary（無料の）が最適。(C) present は形容詞では「存在する；現在の」という意味で使うので不適。

> お店がサービスで提供する飲み物などに使われる。TOEIC の頻出語。動詞 compliment には「（敬意を表して）贈る」の意味がある。

訳 当エアラインのビジネスクラスのお客様には全員に無料のグルーミングセットが贈呈されます。

正解 (B)

頻出単語

- (A) **serial** [síəriəl] 形 連続する　a serial number（通し番号）
- (B) **complimentary** [kàmpləméntəri] 形 無料で提供される；賞賛する
- (C) **present** [prézənt] 形 存在する；現在の
  the present address（現住所）
- (D) **financial** [fənǽnʃəl] 形 財務の；金銭的な

Q24 解答プロセス

STEP 1 ライセンス契約に署名する前に、disclosure（開示情報）をどのように読むのか。

STEP 2 (C) thoroughly は「完全に；徹底的に」の意味で、「開示情報をしっかり読む」となって文脈に合う。

> completely、utterly などが類義語。形容詞は thorough（完全な；徹底的な）。

訳 ライセンス契約に署名する前に、開示情報をしっかり読むようにしてください。

正解 (C)

頻出単語

- (A) **considerably** [kənsídərəbli] 副 かなり；相当
- (B) **unfortunately** [ʌnfɔ́ːrtʃənətli] 副 残念ながら；不幸にも
- (C) **thoroughly** [θə́ːrouli] 副 完全に；まったく
- (D) **relatively** [rélətivli] 副 割合に；相対的に

Q25

Please arrange ------- for our trip now before everything gets booked up.

(A) accommodations
(B) methods
(C) practices
(D) opportunities

Ⓐ Ⓑ Ⓒ Ⓓ

Q26

Mr. Scott is planning to do some things that are not included on the ------- during his trip to New York.

(A) landscape
(B) transportation
(C) itinerary
(D) prospect

Ⓐ Ⓑ Ⓒ Ⓓ

600点レベル

Q25 解答プロセス

STEP 1 arrange ------- for our trip から、旅行のための何を手配するかを考える。後半の before everything gets booked up（予約がいっぱいになる前に）もヒントになる。

STEP 2 (A) accommodations は「宿泊施設」の意味で、ホテルなどを表す。これが正解。

> 動詞の accommodate は「（建物が人を）収容する」の意味で、accommodations で「宿泊施設」を表す。米国用法では通例、複数。

訳 予約がいっぱいになる前に、今すぐに私たちの旅行の宿泊施設を押さえてください。

正解 (A)

頻出単語
- ☑ (A) **accommodation** [əkɑ̀mədéiʃən] 名（通例、複数）宿泊施設；収容能力
- ☐ (B) **method** [méθəd] 名 方法；手段
- ☐ (C) **practice** [præktis] 名 練習；実践 他 練習する；実践する
- ☐ (D) **opportunity** [ɑ̀pərtjúːnəti] 名 機会；チャンス
  have [miss] an opportunity（機会を得る［逃す］）

Q26 解答プロセス

STEP 1 空所の後の during his trip to New York から旅行に関係し、do some things that are not included から、（旅行中の）行動が含まれるものでなければならない。

STEP 2 (C) itinerary は「旅行日程」の意味で、これら条件を満たす。

> 訪問先・日程を一覧にした旅行計画表のことを指す。travel plan と言い換えられる。

訳 ニューヨークへの出張で、スコットさんは旅行日程に入っていないことをいくつかする計画です。

正解 (C)

頻出単語
- ☐ (A) **landscape** [lǽndskèip] 名 風景 他 造園する
- ☐ (B) **transportation** [træ̀nspərtéiʃən] 名 交通機関；運送業者
  public transportation（公共交通機関）
- ☑ (C) **itinerary** [aitínərèri] 名 旅程表；旅行計画
- ☐ (D) **prospect** [prɑ́spekt] 名 将来見込み；将来性のある人［モノ］
  a young tennis prospect（テニスの若手ホープ）

Q27

The papers that require your signature have been sent by ------- and should arrive this afternoon.

(A) payment
(B) courier
(C) envelope
(D) invoice

Ⓐ Ⓑ Ⓒ Ⓓ

Q28

It has been a ------- to serve you and we hope to see you again soon.

(A) quality
(B) celebrity
(C) privilege
(D) solution

Ⓐ Ⓑ Ⓒ Ⓓ

600点レベル

Q27 解答プロセス

STEP 1 主語は papers（書類）で、sent by ------- とあるので、送付する「手段」が何かを考える。

STEP 2 (B) courier は「宅配便」の意味で、書類を送付する手段になる。(D) envelope（封筒）は宅配便のような配送手段ではなく、「封筒に入れて送る」は send 〜 in an envelope という。

> 配送手段の1つとして TOEIC によく出る。なお、carrier は航空機など、人を運ぶ運送手段［業者］のこと。

訳 あなたの署名が必要な書類は宅配便で送ってあり、今日の午後、届くはずです。

正解 (B)

頻出単語

- □ (A) **payment** [péimənt] 名 報酬；支払い（額）
- □ (B) **courier** [kə́:riər] 名 宅配便；宅配業者
- □ (C) **envelope** [énvəlòup] 名 封筒
- □ (D) **invoice** [ínvɔis] 名 請求書；インボイス

Q28 解答プロセス

STEP 1 serve（サービスを提供する）や後半の we hope to see you again soon から、お客さんへの謝礼の表現である。つまり、前半はサービスを提供できたことについて喜びを表す表現になる。

STEP 2 (C) privilege には「光栄；名誉」の意味があり、サービス提供者の喜びを表せる。

> It's a privilege to do（〜して光栄だ）と、honor や pleasure と同じように使える。「特権」の意味では executive privilege（経営陣の特権）が例。

訳 お役に立てて光栄でした。またお目にかかるのを楽しみにしています。

正解 (C)

頻出単語

- □ (A) **quality** [kwáləti] 名 性質；品質　quality control（品質管理）
- □ (B) **celebrity** [səlébrəti] 名 有名人；名士　a movie celebrity（映画界のセレブ）
- □ (C) **privilege** [prívəlidʒ] 名 光栄；特権
- □ (D) **solution** [səlú:ʃən] 名 解決（策）

Q29

If you'd like to make another -------, please stay on the line and a customer service representative will help you.

(A) outlook
(B) hospitality
(C) transaction
(D) patience

Q30

We manufacture precision ------- and machinery designed for the scientific market.

(A) ventures
(B) instruments
(C) features
(D) operations

600点レベル

Q29 解答プロセス

STEP 1 make another ------- から、動詞 make の目的語にならなければならない。また、a customer service representative will help you から、そのために顧客サービス担当者の手助けを受ける。

STEP 2 (C) transaction（取引）を選べば、make another transaction で「別の取引をする」となり、文脈にも合う。

> online transactions（ネット取引）、transaction costs（取引費用）。動詞は transact（取引する）。

訳 別の取引をされるのでしたら、そのまま切らずにお待ちください。顧客サービス担当者が応対いたします。

正解 (C)

頻出単語
- (A) **outlook** [áutlùk] 名 見通し；眺め　an economic outlook（経済見通し）
- (B) **hospitality** [hàspətǽləti] 名 もてなし；接客
- (C) **transaction** [trænzǽkʃən] 名 取引；処理
- (D) **patience** [péiʃəns] 名 忍耐（力）
  Thank you for your patience.（お待ちいただきありがとうございます）

Q30 解答プロセス

STEP 1 空所は precision（精密な）の後にあり、and で machinery（機械）と並列されている。つまり、精密で、機械に類する言葉である。

STEP 2 (B) instruments は「器具」の意味なので、文脈にぴったり。

> 「楽器」の意味もあり、a string instrument で「弦楽器」。「機関」の意味では、an instrument of government で「政府機関」。

訳 当社は、科学関連の市場のために設計された精密器具・機械を生産しています。

正解 (B)

頻出単語
- (A) **venture** [véntʃər] 名 事業；冒険　an overseas venture（海外事業）
- (B) **instrument** [ínstrəmənt] 名 器具；楽器；機関
- (C) **feature** [fíːtʃər] 名 特徴；（雑誌・テレビなどの）特集；容貌
  safety features（安全機能）動 特集する
- (D) **operation** [àpəréiʃən] 名 運営；操作；手術；（軍事）作戦

Q31

To show our appreciation for your continued -------, we are sending you this coupon for 20% off your next purchase.

(A) colleague
(B) value
(C) objective
(D) patronage

Q32

Your ------- is important to us so we'd appreciate it if you could take the time to fill out a questionnaire.

(A) patent
(B) district
(C) status
(D) feedback

600点レベル

Q31 解答プロセス

STEP 1 show our appreciation for your continued ------- は「あなたの継続的な〜に感謝を示す」という意味。we 以下の「次のお買い物が20％割引になるこのクーポンをお送りします」もヒントになる。

STEP 2 (D) patronage は「愛顧；ひいき」という意味なので、これが正解。

> patron は「常連客」の意味。patronize で「愛顧する」という意味の動詞。

訳 お客様の変わらぬご愛顧に感謝するため、次のお買い物が20％割引になるこのクーポンをお送りします。

正解 (D)

頻出単語

- (A) **colleague** [káli:g] 名 同僚
- (B) **value** [vǽlju:] 名 価値；有用性　他 評価する
- (C) **objective** [əbdʒéktiv] 名 目標　sales objectives（売り上げ目標）
   形 客観的な
- (D) **patronage** [péitrənidʒ] 名 愛顧；ひいき

Q32 解答プロセス

STEP 1 後半でアンケートへの記入（take the time to fill out a questionnaire）を求めている。空所は我々にとって重要なもので、それはアンケートの記入によって得られるものでもある。

STEP 2 (D) feedback には「（顧客の）反応・意見」の意味があるので、これが正解。

> アンケート（questionnaire, survey）や市場調査（market research）などでの顧客の反応・意見を表す。

訳 お客様のご意見は重要ですので、少しお時間をとっていただいて、アンケートにお答えいただければありがたいです。

正解 (D)

頻出単語

- (A) **patent** [pǽtənt] 名 特許（権）
- (B) **district** [dístrikt] 名 地域；区域　a residential district（住宅街）
- (C) **status** [stéitəs] 名 地位；身分；状況
   a shipping status（発送の状況）
- (D) **feedback** [fí:dbæ̀k] 名（顧客などの）反応・意見；フィードバック

Q33

Both sides could not resolve their ------- so they decided to adjourn their meeting.

(A) dispute
(B) region
(C) gratitude
(D) organization

Q34

After filling out the form, please include any additional ------- on the back of the document.

(A) associates
(B) procedures
(C) remarks
(D) subjects

600点レベル

Q33 解答プロセス

STEP 1 Both sides は「両当事者」。両当事者が解決できない（could not resolve）ものが何かを考える。

STEP 2 (A) dispute（意見の相違；紛争）が文脈に合う。

> 紛争の対象は over などで導く。a patent dispute over medical devices（医療機器をめぐる特許紛争）

訳 両者は意見の相違を解決できなかったので、会議を中断することを決めた。

正解 (A)

頻出単語

- (A) **dispute** [dispjúːt, ́--] 名 意見の相違；紛争 他 討論する
- (B) **region** [ríːdʒən] 名 地域；地方；領域
  the East Asian region（東アジア地域）
- (C) **gratitude** [grǽtətjùːd] 名 感謝
  out of [with] gratitude（感謝の気持ちから）
- (D) **organization** [ɔ̀ːrɡənəzéiʃən] 名 組織；機関

Q34 解答プロセス

STEP 1 書式に記入した後で、書類の裏面に（on the back of the document）書き込むものは何か。

STEP 2 (C) remarks には「意見」の意味があるので、これが最適。

> make [pass] a remark で「意見を言う」。opening remarks（開会の辞）のように「発言；言葉」の意味でも使う。

訳 この書式にご記入のうえ、さらにご意見がありましたら書類の裏面にお書きください。

正解 (C)

頻出単語

- (A) **associate** [əsóuʃièit] 名 仲間；共同経営者 他 結びつけて考える 形 副〜
- (B) **procedure** [prəsíːdʒər] 名 手順；手続き
  standard procedure（標準的な手順）
- (C) **remark** [rimáːrk] 名 意見；発言 他（意見を）述べる
- (D) **subject** [sʌ́bdʒekt] 名 話題；学科

目標タイム 60 秒

Q35

All applicants must include three ------- on their résumés who are not family members.

(A) references
(B) options
(C) assignments
(D) phases

Ⓐ Ⓑ Ⓒ Ⓓ

Q36

Because the number of attendees to the conference has increased, we will change the ------- to accommodate them.

(A) occupation
(B) purpose
(C) routine
(D) venue

Ⓐ Ⓑ Ⓒ Ⓓ

600点レベル

Q35 解答プロセス

STEP 1 応募者（applicants）が履歴書（their résumés）に記載する（include）ものである。three という数字もヒントになる。

STEP 2 (A) references には「推薦人」の意味があり、「履歴書に3人の推薦人を記載する」となり、文意が通る。

> 米国で求人に応募するには推薦人が必要なので、このシーンでよく使われる。英国用法では referee。

訳 応募者はすべて、家族でない3人の推薦人を履歴書に記載する必要がある。

正解 (A)

頻出単語
- (A) **reference** [réfərəns] 名 推薦人；推薦状；参照
- (B) **option** [ápʃən] 名 選択（肢）；付属品
- (C) **assignment** [əsáinmənt] 名 業務；割り当て
- (D) **phase** [féiz] 名 段階；局面
  phase three of the development（開発の第3段階）

Q36 解答プロセス

STEP 1 最後の them は attendees to the conference（会議の出席者）を指す。したがって、accommodate them は「会議の出席者を収容する」の意味になるので、空所は収容できる場所・空間に類した言葉と予測できる。

STEP 2 (D) venue は「開催場所」の意味で、これがぴったり。

> イベントや会議などを開催する場所を指す。location や place に言い換えられるが、これらは一般的な「場所」を指す。

訳 会議の出席者の数が増えたので、彼らを収容できるように開催場所を変更します。

正解 (D)

頻出単語
- (A) **occupation** [ὰkjəpéiʃən] 名 職業；占有；占領
- (B) **purpose** [pə́ːrpəs] 名 目的；意志
  for the purpose of（〜という目的で）
- (C) **routine** [ruːtíːn] 名 毎日の決まった仕事
  morning routine（朝の日課）
- (D) **venue** [vénjuː] 名 開催場所

Q37

We need to consult someone who has ------- in this field so that we can proceed with the plan.

(A) stationery
(B) incentive
(C) subordinate
(D) expertise

Ⓐ Ⓑ Ⓒ Ⓓ

Q38

Jen will go over the ------- from the last meeting before we get started with the discussion.

(A) minutes
(B) outlets
(C) quotes
(D) specifications

Ⓐ Ⓑ Ⓒ Ⓓ

600点レベル

Q37 解答プロセス

STEP 1 consult は「相談する」で、相談する相手が someone who has ------- in this field（この分野の〜がある人）である。

STEP 2 (D) expertise（専門知識）が最適で、「この分野の専門知識がある人」となり、文脈に合う。

> expertise はストレスが後ろにあるので、リスニングで注意。expert（専門家）がもつものである。

訳 計画を進められるように、この分野の専門知識がある人に相談する必要がある。

正解 (D)

頻出単語

- (A) **stationery** [stéiʃənèri] 名 文房具；便せん
- (B) **incentive** [inséntiv] 名 やる気；誘因
  incentive payments（奨励金）
- (C) **subordinate** [səbɔ́ːrdinət] 名 部下
- (D) **expertise** [èkspəːrtíːz] 名 専門知識・技能

Q38 解答プロセス

STEP 1 go over は「確認する」の意味で、前回の会議（the last meeting）の何を確認するのかを考える。

STEP 2 meeting との関係から、(A) minutes（議事録）を選ぶ。

> take (the) minutes で「議事録をとる」。

訳 私たちが話し合いを始める前に、ジェンが前回の会議の議事録を確認します。

正解 (A)

頻出単語

- (A) **minutes** [mínəts] 名（通例、複数）議事録
- (B) **outlet** [áutlèt] 名 小売店；（電源の）コンセント；排水［気］口
  a retail outlet（小売店）
- (C) **quote** [kwóut] 名 引用；見積もり
- (D) **specification** [spèsəfikéiʃən] 名 仕様
  technical specifications（技術仕様）

173

Q39

The ------- has just come in from the manufacturer and is on its way to be tested before the presentation.

(A) warranty
(B) prototype
(C) agenda
(D) royalty

Ⓐ Ⓑ Ⓒ Ⓓ

Q40

Feel free to ------- the shop and let me know if you have questions or need any assistance.

(A) browse
(B) gather
(C) connect
(D) review

Ⓐ Ⓑ Ⓒ Ⓓ

600点レベル

Q39 解答プロセス

STEP 1 from the manufacturer から、「製造業者」から来たものである。また、後半から、それは今、プレゼンの前の「テストの最中」である。

STEP 2 製造業者から来て、テストできるものなので、(B) prototype（試作品）がふさわしい。

> first sample のこと。proto- は「初期の」の意味の接頭辞。

訳 試作品は製造業者から届いたところで、今はプレゼン前のテストの最中だ。

正解 (B)

頻出単語

- (A) **warranty** [wɔ́ːrənti]　图 保証（書）　under warranty（保証期間中で）
- (B) **prototype** [próutətàip]　图 試作品
- (C) **agenda** [ədʒéndə]　图 （会議の）議題；予定表
  　　　　　　　　　　　　on the agenda（議題に予定されている）
- (D) **royalty** [rɔ́iəlti]　图 特許権［著作権］使用料

Q40 解答プロセス

STEP 1 shop を目的語にとる動詞を考える。空所の前に Feel free to が付いていて、後半に「質問があったり、手助けが必要なときはお知らせください」とあることから、店員が買い物客に話すフレーズと見当がつく。

STEP 2 (A) browse は「見て回る」という意味で、shop にもつながる。

> browse は今ではインターネットで「閲覧する」イメージだが、「（店で商品を）見て回る」という意味でよく使う。本や雑誌を「立ち読みする」のにも使える。

訳 ご自由に店内をご覧ください。ご質問があったり、手助けが必要なときはお知らせください。

正解 (A)

頻出単語

- (A) **browse** [bráuz]　自 他 （店で商品を）見て回る；（ネットで）閲覧する
- (B) **gather** [gǽðər]　自 集まる　他 集める
- (C) **connect** [kənékt]　他 結びつける；（電話を）取り次ぐ
- (D) **review** [rivjúː]　他 （再）検討する；復習する

Q41

Due to the banking crisis many businesses went ------- and many more are predicted to follow suit.

(A) prosperous
(B) bankrupt
(C) jammed
(D) inevitable

• follow suit　追随する

Q42

The CEO will announce his ------- at the board meeting tomorrow evening and the press is invited.

(A) inventory
(B) attendee
(C) replacement
(D) supplier

600点レベル

Q41 解答プロセス

STEP 1 businesses はここでは「会社」の意味で、銀行危機（the banking crisis）によって多くの会社がどうなったかを考える。went と一緒に使える形容詞でなければならない。

STEP 2 (B) bankrupt は「倒産した」の意味で、go bankrupt で「倒産する」となる。

> insolvent（支払い不能の）も同様の意味。「倒産する」には動詞 collapse も使える。名詞は bankruptcy（倒産）。

訳 銀行危機により、多くの会社が倒産し、さらに多くが後を追うと予測されている。

正解 (B)

頻出単語

- (A) **prosperous** [prάspərəs] 形 繁栄している
- (B) **bankrupt** [bǽŋkrʌpt] 形 倒産した；破産した
- (C) **jammed** [dʒǽmd] 形 渋滞した；混雑した；（コピー機に）紙が詰まった
- (D) **inevitable** [inévitəbəl] 形 避けられない

Q42 解答プロセス

STEP 1 ＣＥＯが the board meeting（取締役会議）で his ------- （彼の〜）を発表するという文脈。後半に「マスコミ（the press）が招待されている」とあるので、重要な発表である。

STEP 2 replacement は「後任者」の意味があり、ここでは「次のＣＥＯ」を意味するので、重要な発表をするという文脈にも合う。(C) が正解。

> 動詞 replace（交替する；交換する）の名詞形。replacement はお店での商品の「交換」や「交換品」、機械の「交換部品」の意味でも使う。

訳 ＣＥＯは明日夕刻の取締役会議で後任者を発表する予定で、マスコミも招待されている。

正解 (C)

頻出単語

- (A) **inventory** [ínvəntɔ̀:ri] 名 商品リスト；在庫
- (B) **attendee** [ətèndí:] 名 出席者
- (C) **replacement** [ripléismənt] 名 後任者；交換品
- (D) **supplier** [səpláiər] 名 供給業者；サプライヤー

Q43

The latest market ------- show a sharp increase in purchases by young people under 20 years old.

(A) gadgets
(B) items
(C) statistics
(D) officers

Ⓐ Ⓑ Ⓒ Ⓓ

Q44

The meeting will ------- at 10:00 a.m. tomorrow so please have your presentations ready.

(A) publish
(B) confirm
(C) participate
(D) convene

Ⓐ Ⓑ Ⓒ Ⓓ

600点レベル

Q43 解答プロセス

STEP 1 market と結びつけて使える名詞で、それが若年層の購入の急増（a sharp increase in purchases by young people）を示す。

STEP 2 (C) statistics は「（統計）数字」の意味で、market statistics（市場統計；市場動向）として使えるので、これが正解。

> 慣用的に業績などの「数字（figures）」の意味で使う。形容詞は statistical（統計上の）。

訳 最新の市場動向は、20歳未満の若年層の購入が急増していることを示している。

正解 (C)

頻出単語

- (A) **gadget** [ɡǽdʒit] 图 小型の便利な機器
  handheld gadgets（携帯機器）
- (B) **item** [áitəm] 图 項目；品目；商品　luxury items（ぜいたく品）
- (C) **statistics** [stətístiks] 图 （複数で）統計数字
- (D) **officer** [ɔ́fəsər] 图 幹部；公務員　corporate officer（経営幹部）

Q44 解答プロセス

STEP 1 主語の meeting と相性のいい動詞を探す。空所の直後は前置詞なので、自動詞として使えるものでなければならない。

STEP 2 (D) convene は「（会議などが）開催される」と自動詞で使えるので、これが正解。

> 他動詞としても convene a meeting（会議を開催する）のように使える。adjourn a meeting なら「休会にする」。

訳 会議は明日の朝10時に開かれるので、プレゼンの準備をしておいてください。

正解 (D)

頻出単語

- (A) **publish** [pʌ́bliʃ] 他 出版する
- (B) **confirm** [kənfə́ːrm] 他 確認する
- (C) **participate** [pɑːrtísipèit] 自 参加する（in ～）
  participate in a company picnic（会社のピクニックに参加する）
- (D) **convene** [kənvíːn] 自 （会議が）開催される
  他 （会議を）開催する；招集する

Q45

You may ------- payment by credit or debit card or personal check, but we do not accept cash.

(A) remit
(B) invest
(C) observe
(D) declare

Q46

We are a biodynamic producer and therefore use only organic and natural ------- in our food items.

(A) attire
(B) crews
(C) receptions
(D) ingredients

• biodynamic バイオダイナミック農法の（土壌と植物の関係に、天体の運行も考慮した有機農法）

600点レベル

Q45 解答プロセス

STEP 1 ------- payment by credit or debit card or personal check から、クレジットカード、デビットカード、個人用チェックという手段で、支払い金額をどうするか。

STEP 2 (A) remit には「(お金を) 送る」の意味があるので、これが正解。

> 「送金する」には transfer も使う。名詞は remittance (送金)。

訳 お客様はクレジットカード、デビットカードまたは個人用チェックで送金できますが、私どもは現金は受け付けておりません。

正解 (A)

頻出単語

- (A) **remit** [rimít] 他 送金する；緩和する
- (B) **invest** [invést] 他 投資する
- (C) **observe** [əbzə́:rv] 他 (法令などを) 守る；観察する；(祝祭日などを) 祝う
  observe an anniversary (記念日を祝う)
- (D) **declare** [dikléər] 他 宣言する；公表する；(税関などで) 申告する

Q46 解答プロセス

STEP 1 organic and natural ------- in our food items から、「食品」に入っているもので、有機生産 (organic) で自然の (natural) ものである。

STEP 2 (D) ingredients (素材；成分) が正解。

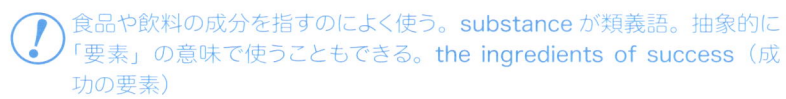

> 食品や飲料の成分を指すのによく使う。substance が類義語。抽象的に「要素」の意味で使うこともできる。the ingredients of success (成功の要素)

訳 当社はバイオダイナミック農法の生産者ですので、当社の食品には有機生産で自然の素材のみを使用しております。

正解 (D)

頻出単語

- (A) **attire** [ətáiər] 名 服装　wear formal attire (正装をする)
- (B) **crew** [krú:] 名 (飛行機などの) 乗務員；(特殊技能をもった) チーム
- (C) **reception** [risépʃən] 名 (公式の) 宴会；(会社などの) 受付；評判
  a wedding reception (結婚披露宴)
- (D) **ingredient** [ingrí:diənt] 名 材料；成分

動詞 / 形容詞・副詞 / 名詞 / ビジネス・生活語 / イディオム

Q47

There is a ------- that's due at the first of the month if you subscribe to the network.

(A) souvenir
(B) premium
(C) respect
(D) certificate

Ⓐ Ⓑ Ⓒ Ⓓ

Q48

When the fire alarm sounds, all employees must evacuate the ------- at once.

(A) stairs
(B) utilities
(C) premises
(D) reminders

Ⓐ Ⓑ Ⓒ Ⓓ

600点レベル

Q47 解答プロセス

STEP 1 due は「支払期限がくる」の意味で、空所は月初めに支払期限がくるものである。

STEP 2 選択肢で支払期限があるものは (B) premium（料金）のみ。

> 「割増料金」の意味もあるが、「（通常）料金」の意味でも使う。monthly premium of $100（100ドルの月次料金）。また、「保険料（＝掛け金）」の意味もある。

訳 このネットワークにお申し込みいただくと、月初めが支払日になる料金が発生します。

正解 (B)

頻出単語

- (A) **souvenir** [sùːvəníər] 名 お土産
- (B) **premium** [príːmiəm] 名 保険料；料金；（賞品などの）プレミアム
- (C) **respect** [rispékt] 名 尊敬；事項　in this respect（この点に関して）
- (D) **certificate** [sərtífikət] 名 証明書；免状

Q48 解答プロセス

STEP 1 evacuate は「避難する」で、空所はその目的語なので場所を表す言葉と予測できる。また、避難するのは all employees（全社員）で、火災警報機が鳴ったときである。

STEP 2 社内の火災時の避難を指示する文と考えられるので、(C) premises（社屋）という場所が最適。

> 建物とそれに属する土地を含む表現で、premises と複数で使う。compound が類義語。premise と単数で使うと、「前提」の意味。

訳 火災警報機が鳴ったら、社員は全員ただちに社屋から避難してください。

正解 (C)

頻出単語

- (A) **stairs** [stéərz] 名 （通例、複数）階段
- (B) **utilities** [juːtílətiz] 名 （通例、複数）公共料金；公益事業（体）
- (C) **premises** [prémisis] 名 （複数で）（会社・店などの）敷地
- (D) **reminder** [rimáindər] 名 思い出させるもの［人・助言］；督促状

Q49

Our cars are second to none ------- speed and handling and are the preferred vehicles of young men.

(A) in terms of
(B) by means of
(C) in place of
(D) by virtue of

Q50

We need to ------- a strategy to drastically improve our financial performance.

(A) get rid of
(B) put up with
(C) run short of
(D) come up with

600点レベル

Q49 解答プロセス

STEP 1 Our cars are second to none は「当社の乗用車は並ぶところがない（＝ナンバーワンである）」。これと speed and handling の関係を考えると、「スピードとハンドリングについては並ぶところがない」となると予測がつく。

STEP 2 (A) in terms of は「〜の点では」という話題を限定する機能をもつので、これが正解。

> 〈in 形容詞 terms〉という用法もある。in financial terms（財務の点では）

訳 当社の乗用車はスピードとハンドリングの点では他に並ぶものはなく、若者が好む車です。

正解 (A)

頻出熟語

- ☐ (A) **in terms of** 〜の点では
- ☐ (B) **by means of** 〜によって；〜を用いて
- ☐ (C) **in place of** 〜の代わりに
- ☐ (D) **by virtue of** 〜のおかげで；〜の理由で

Q50 解答プロセス

STEP 1 strategy（戦略）をどうする必要があるのか。to 以下の「財務実績を大きく引き上げるための」もヒントになる。

STEP 2 (D) come up with は「〜を考え出す」で、これが正解。

> 企画・アイデア・解決策などを「考え出す」という意味で、ビジネスでよく使う。

訳 我々は、財務実績を大きく改善させる戦略を考え出さなければならない。

正解 (D)

頻出熟語

- ☐ (A) **get rid of** 〜を取り除く；〜を廃棄する
- ☐ (B) **put up with** 〜をがまんする
- ☐ (C) **run short of** 〜が不足する
- ☐ (D) **come up with** 〜を考え出す

Q51

------- signing the contract, I'd like to meet with you to get further clarification of the terms.

(A) As a result of
(B) Owing to
(C) Apart from
(D) Prior to

• clarification 明確化

Q52

Every new start-up must ------- government requirements and regulations.

(A) comply with
(B) draw up
(C) work on
(D) settle down

600点レベル

Q51 解答プロセス

STEP 1 空所の後からカンマまでは「契約書に署名する」、I'd 以降は「あなたに会って条件をさらに明確にしたいと思います」。

STEP 2 時間の前後関係を表す (D) Prior to（〜の前に）を入れると前後がうまくつながる。

⚠ prior は「（時間・順序が）先の」という意味の形容詞。prior to の反意語は subsequent to（〜より後に）。

訳 契約書に署名する前に、あなたに会って条件をさらに明確にしたいと思います。

正解 (D)

頻出熟語

- ☐ (A) **as a result of** 〜の結果として
- ☐ (B) **owing to** 〜の理由で
- ☐ (C) **apart from** 〜はともかく；〜は別にして
- ☐ (D) **prior to** 〜より前に

Q52 解答プロセス

STEP 1 空所の動詞句の目的語になる government requirements and regulations（政府の規定と規則）がポイント。

STEP 2 規定や規則との関係で、(A) comply with（〜を遵守する）が選べる。

⚠ abide by も同様の意味で使える。名詞は compliance（遵守；コンプライアンス）。in compliance with で「〜を遵守して」。

訳 すべての新設企業は、政府の規定と規則を遵守しなければならない。

正解 (A)

頻出熟語

- ☐ (A) **comply with** 〜を遵守する
- ☐ (B) **draw up** 〜を作成する；〜を整列させる
- ☐ (C) **work on** 〜に取り組む
- ☐ (D) **settle down** 〜を落ち着かせる；落ち着く；居を定める

Q53

Lyn has agreed to take the night shift ------- week night during the peak season.

(A) on duty
(B) every other
(C) later on
(D) at first

Ⓐ Ⓑ Ⓒ Ⓓ

Q54

The failing Internet firm ------- completely when it hired its current CEO and is finally posting a profit.

(A) figured out
(B) passed away
(C) turned around
(D) showed up

Ⓐ Ⓑ Ⓒ Ⓓ

600点レベル

Q53 解答プロセス

STEP 1 take the night shift は「夜勤で働く」。week night（平日の夜）はこのままでは文中におさまらないので、空所は week night と一緒になって修飾語（副詞句）をつくる要素である。

STEP 2 (B) every other（1つおきの）を選べば、every other week night で「平日の夜は1日おきに」となり、形も文意も整う。

> once every other day で「1日おきに」、every other Saturday で「隔週の土曜日に」。

訳 リンは、繁忙期には平日の夜は1日おきに夜勤をすることに同意した。

正解 (B)

頻出熟語

- □ (A) **on duty** 勤務中で
- □ (B) **every other** 1つおきの
- □ (C) **later on** 後で
- □ (D) **at first** 初めのうちは

Q54 解答プロセス

STEP 1 The failing Internet firm（業績不振のネット企業）が完全にどうなったのか。and の後に is finally posting a profit（ついに利益を出している）とあるのがヒントになる。

STEP 2 利益を出しているということは、完全に回復したということなので、(C) turned around（回復した）が正解。

> 企業の業績を好転させるという文脈でよく使う。turnaround manager は「事業再生マネジャー」のこと。

訳 その業績不振のネット企業は、現在のCEOを採用してから完全に回復して、ついに利益を出すところまできている。

正解 (C)

頻出熟語

- □ (A) **figure out** ～を理解する；～を考え出す
- □ (B) **pass away** 逝去する
- □ (C) **turn around** ～を回復させる；回復する；方向転換する
- □ (D) **show up** 現れる

Q55

Ms. Roman has been working 10 days ------- without a break so she will ask for extended vacation time.

(A) in advance
(B) for a while
(C) in a row
(D) at once

Ⓐ Ⓑ Ⓒ Ⓓ

Q56

------- our accountant is concerned, we can afford to increase our budget this year.

(A) As far as
(B) So that
(C) As if
(D) Provided that

Ⓐ Ⓑ Ⓒ Ⓓ

600点レベル

Q55 解答プロセス

STEP 1 has been working 10 days（10日間働いている）とあり、それがどんな状態かを考える。

STEP 2 空所の後ろの without a break（休みなしに）もヒントに考えると、(C) in a row（連続して）が適切。

> row は「列」の意味で、in a row で「一列になって」。cars parked in a row（列になって駐車された車）。問題文のように「時間的に連続して」の意味でも使える。

訳 ローマンさんは休みなしに10日間連続して働いてきたので、休暇の延長を願い出るでしょう。

正解 (C)

頻出熟語
- (A) **in advance** 前もって
- (B) **for a while** しばらくのうちは
- (C) **in a row** 連続して；一列になって
- (D) **at once** すぐに

Q56 解答プロセス

STEP 1 is concerned（〜に関する）に注目する。

STEP 2 これに相関する語句は (A) As far as で、〈as far as 〜 concerned〉で「〜に関するかぎり」と話題を限定・強調する役割を果たす。

> as far as I know（私の知るかぎり）、as far as it goes（現状では）など決まり文句のように使う。後ろに名詞を続けて「〜まで」という意味でも使える。walk as far as the lake（湖まで歩く）

訳 会計士の意見によると、我々は今年は予算を増やすことができそうだ。

正解 (A)

頻出熟語
- (A) **as far as** 〜するかぎり
- (B) **so that** 〜するために；〜できるように
- (C) **as if** まるで〜のように
- (D) **provided that** 〜という条件で

Q57

He was questioned ------- the department store burglary last week.

(A) at the risk of
(B) in the rear of
(C) at the cost of
(D) in connection with

Q58

We're ------- to finish this project by next Wednesday so we'll need to work overtime.

(A) reluctant
(B) supposed
(C) inclined
(D) liable

600点レベル

Q57 解答プロセス

STEP 1 He was questioned(彼は質問を受けた)と the department store burglary last week(先週のデパートの強盗)の関係を考える。

STEP 2 (D) in connection with(〜に関連して)を選ぶと、「先週のデパートの強盗に関連して、彼は質問を受けた」と前後がうまくつながる。

❗ regarding、concerning、with reference to などが類義語。connection は「関係」の意味。in this connection で「これに関連して」。

訳 先週のデパートでの強盗に関連して、彼は質問を受けた。

正解 (D)

頻出熟語

- (A) **at the risk of** 〜の危険を冒して
- (B) **in the rear of** 〜の背後に；〜の奥のほうに
- (C) **at the cost of** 〜を犠牲にして
- (D) **in connection with** 〜に関連して

Q58 解答プロセス

STEP 1 so 以下は「私たちは残業をしなければならない」なので、来週の水曜日までに「このプロジェクトを終える」ことが決まっているはず。

STEP 2 be supposed to は「〜することになっている」と決まった予定や義務を表せる。したがって、(B) が正解となる。

❗ be required to や be obliged to が似通った意味の語句。動詞の suppose は「推測する；(明確な根拠はないが) 思う」という意味。

訳 私たちは来週の水曜日までにこのプロジェクトを終えることになっているので、残業をしなければならないでしょう。

正解 (B)

頻出熟語

- (A) **be reluctant to** *do* 〜することが嫌である
- (B) **be supposed to** *do* 〜することになっている
- (C) **be inclined to** *do* 〜する傾向がある；〜しがちだ
- (D) **be liable to** *do* 〜する傾向がある；〜しがちだ

目標タイム **60** 秒

Q59

The HR manager has ------- patience with the staff members who are repeatedly late to work.

(A) summed up
(B) kept up with
(C) put on
(D) run out of

Ⓐ Ⓑ Ⓒ Ⓓ

Q60

------- the campaign is underway, we can start to prepare our next marketing strategy.

(A) By the way
(B) Now that
(C) By the time
(D) In order that

Ⓐ Ⓑ Ⓒ Ⓓ

600点レベル

Q59 解答プロセス

STEP 1 with 以下は「繰り返し遅刻する社員」。そんな社員に対して patience（忍耐）をどうしたかと考える。

STEP 2 「忍耐をなくした」と考えられるので、(D) run out of（～をなくした）を選ぶ。

> run out of paper で「用紙を切らす」、run out of change で「小銭がなくなる」。

訳 人事部長は、繰り返し遅刻する社員に我慢できなくなっている。

正解 (D)

頻出熟語

- (A) **sum up** ～を合計する；～を要約する
  sum up a discussion（話し合いをまとめる）
- (B) **keep up with** ～に遅れずついていく；～の最新情報に通じている
- (C) **put on** ～を身につける
- (D) **run out of** ～を使い果たす；～をなくす

Q60 解答プロセス

STEP 1 カンマまでは「キャンペーンは進行している」、we 以降は「私たちは次の販売戦略を準備し始めることができる」。

STEP 2 前半が後半の理由を表すと考えられるので、(B) Now that（今や～なので）を入れるとうまくつながる。

> 「現在は～という状況なので、～する」という文脈をつくる。now that 節は理由を表す。

訳 キャンペーンはもう進行しているので、私たちは次の販売戦略を準備し始めることができる。

正解 (B)

頻出熟語

- (A) **by the way** ところで
- (B) **now that** 今や～なので；～であるからには
- (C) **by the time** ～するときまでに
- (D) **in order that** ～する目的で

TOEIC 英単語のヒント③
こんなビジネス語がよく使われる

リーディング・セクションの問題文はすべてビジネスの書き言葉です。ですから、基本的なビジネス語があたりまえのように使われます。ビジネス語はジャンル別にまとめて覚えるのが効率的です。ここでは、頻出のビジネス語を7グループ示します。これらをベースに、さらに積み上げていきましょう。

(会社)
headquarters(本社)　　subsidiary(子会社)
found(設立する)　　operate(運営する)
management(経営陣；経営)　the board(取締役会)
division(部門)　　supervisor(上司；管理職)
subordinate(部下)　　colleague(同僚)

(オフィス・業務)
office supplies(オフィス用品)　cafeteria(社員食堂)
assignment(業務)　　deadline(締め切り；納期)
routine(決まった日常業務)　notice(告知)
memorandum(回覧)　　reimbursement([経費の]払い戻し)
attachment(添付書類)　paper jam([コピー機の]紙詰まり)

(マネー)
revenue(売上収入)　　earnings(収入；利益)
expense(経費)　　accountant(会計士)
budget(予算)　　quarter(四半期)
invoice(請求書)　　statement(明細書)
balance(残高；差額)　due date(支払期限；納期)

(企画・製造)

- strategy（戦略）
- overview（概要）
- research（研究）
- laboratory（研究所）
- inspection（検査；視察）
- proposal（提案；企画）
- phase（段階；工期）
- development（開発）
- supplier（納入業者）
- assembly line（組み立てライン）

(販促・流通)

- promotion（販売促進）
- survey（調査）
- consumer（消費者）
- outlet（小売店；直販店）
- refund（返金；返金する）
- trade show（見本市）
- questionnaire（アンケート）
- distribution（配送；流通）
- shop clerk（店員）
- replacement（交換；交換品）

(取引・契約)

- deal（取引；契約）
- draft（下書き）
- signature（署名；サイン）
- take effect（発効する）
- warranty（保証；保証書）
- contract（契約；契約書）
- negotiable（交渉できる）
- terms（条件）
- expire（失効する）
- joint venture（合弁事業）

(求人・採用)

- hire（採用する；雇用する）
- help wanted（求人）
- requirement（要件）
- application（応募）
- résumé（履歴書）
- employer（雇用主）
- qualification（資格）
- expertise（専門知識・技能）
- candidate（候補者）
- reference（推薦人）

巻末さくいん

本書の問題に取り上げたすべての選択肢の単語のさくいんです。各問題の見開き右ページにある「頻出単語リスト」のページを表示しています。復習に利用してください。

A

ability	105
able	25
accept	15
accommodation	161
according to	127
account	105
accustomed	153
acquire	139
add	13
address	139
adjust	83
admire	83
admit	23
adopt	83
advantage	105
advertise	77
afford	139
after all	123
afterward	151
agenda	175
agree	21
aid	37
allow	19
along with	125
alternative	155
amount	105
analyze	83
announce	77
annual	25
anxious	35
apart from	187
apologize	139
appear	85
applicant	111
apply	75
appointment	37
approximately	151
area	37
arrange	17
article	105
as a result of	187
as a whole	133
as far as	191
as for	129
as if	191
as well as	65
aspect	45
assignment	171
associate	169
at ease	69
at first	189
at least	65
at most	63
at once	191
at the cost of	193
at the risk of	193
attach	77
attempt	107
attend	77
attendee	177
attention	43
attire	181
attitude	37
attract	79
attraction	119

198

audience	53
author	101
available	29
average	37
avoid	145
award	37
aware	153

B

baggage	51
balance	49
bankrupt	177
bargain	49
be about to do	67
be absent from (名詞)	67
be inclined to do	193
be liable to do	193
be likely to do	67
be reluctant to do	193
be responsible for (名詞)	67
be supposed to do	193
because of	61
belongings	103
besides	151
bill	99
board	17
book	13
boring	97
both A and B	65
branch	105
break	55
bring about	125
broad	93
brochure	121
browse	175
budget	113
by accident	123
by far	63
by means of	185
by the time	195
by the way	195
by virtue of	185
by way of	61

C

calculate	147
call for	129
calm	29
campaign	51
cancel	23
candidate	111
capable	29
capital	115
career	49
carefully	31
cargo	117
carry out	123
catering	59
cause	145
celebrate	79
celebrity	163
certain	25
certainly	91
certificate	183
change	53
charge	145
chart	117
clear	27
clerk	101
colleague	167
come up with	185
comfortable	151
committee	115
common	27
community	43
commute	121
compare	19
competitive	151

199

complain	19
complete	87
complimentary	159
comply with	187
concern	103
conclusion	51
conduct	139
confident	27
confirm	179
connect	175
consecutive	151
consider	19
considerably	159
consumer	55
contain	79
content	101
contract	49
contrary to	125
contribution	107
convene	179
convenient	27
cooperation	109
cordial	151
corner	99
correct	145
cost	15
courier	163
cover	23
create	81
crew	181
cross	17
curious	35
currency	59
current	95

D

damage	47
date	45
deadline	101
deal	119
deal with	125
debt	49
decade	37
decent	149
declare	181
decline	57
dedicated	153
defect	55
deficit	115
degree	57
delay	143
delivery	51
demand	39
deny	143
department	111
depend on	69
designate	147
destination	107
develop	81
device	117
direction	107
directly	91
discount	53
display	83
dispose of	129
dispute	169
district	167
divide	145
document	59
domestic	87
draft	121
draw up	187
drawer	55
due	153
due to	129
duty	103

E

- each other ········· 69
- eager ········· 89
- earnings ········· 119
- economic ········· 95
- edition ········· 121
- effective ········· 87
- efficient ········· 89
- effort ········· 39
- either A or B ········· 65
- electric ········· 89
- emotion ········· 103
- employee ········· 119
- enable ········· 81
- encourage ········· 81
- enough ········· 25
- enter ········· 15
- entire ········· 93
- entitled ········· 153
- envelope ········· 163
- equipment ········· 111
- especially ········· 91
- estimate ········· 147
- even if ········· 71
- eventually ········· 155
- every other ········· 189
- exactly ········· 33
- except for ········· 125
- exchange ········· 75
- exhibition ········· 55
- expect ········· 83
- expense ········· 41
- expensive ········· 89
- experience ········· 43
- expert ········· 101
- expertise ········· 173
- expire ········· 143
- explain ········· 79
- express ········· 21
- extension ········· 117

F

- face ········· 141
- facility ········· 111
- fact ········· 43
- factor ········· 109
- fail ········· 23
- fair ········· 95, 109
- familiar ········· 25
- far away ········· 63
- far from ········· 63
- fault ········· 43
- favorable ········· 29
- feature ········· 165
- fee ········· 101
- feedback ········· 167
- feel free to do ········· 67
- field ········· 99
- figure ········· 99
- figure out ········· 189
- fill in ········· 123
- finally ········· 91
- financial ········· 159
- firm ········· 113
- fiscal ········· 93
- fit ········· 13
- flexible ········· 157
- fold ········· 75
- follow ········· 23
- for a while ········· 191
- for instance ········· 123
- force ········· 43
- foreign ········· 87
- form ········· 45
- former ········· 27
- fortune ········· 103
- forward ········· 79

free	35
free of charge	133
frequently	33
fun	43
function	57
fund	99
furniture	41
further	35

G

gadget	179
garbage	117
gather	175
general	33
generous	149
get rid of	185
given that	71
go over	131
goods	47
gradually	91
gratitude	169
guarantee	147

H

hand in	125
handle	85
handout	113
hang	145
hardly	31
help oneself to (名詞)	67
hesitate to do	67
highly	91
hire	57
hold	13
honor	103
hospitality	165
host	83
however	97
huge	29

I

I wonder if	71
ignore	83
immediately	91
implement	137
import	121
in a row	191
in addition to	129
in advance	191
in case of	133
in charge of	129
in connection with	193
in favor of	127
in honor of	127
in order that	195
in place of	185
in search of	127
in spite of	127
in terms of	185
in the rear of	193
in time for	65
incentive	173
include	79
income	105
increase	85
indicate	139
industrious	157
industry	119
inevitable	177
inform	15
ingredient	181
initial	95
inquire	143
insist	75
inspire	143
instead	97
instead of	133
instruction	107

instrument ································165	less than ····························· 65
insurance ································115	local ······································ 33
intelligent ······························157	look after ····························129
intend····································· 19	look forward to ····················· 69
intensive································155	loss ·······································115
interview ······························ 45	lot ··· 37
introduce ······························· 19	loyal ····································· 89
inventory ·······························177	lucrative ·······························149
invest ····································181	

M

invitation ······························· 51	mainly ···································155
invoice ··································163	maintenance ·························· 51
issue ····································147	major ···································· 59
item ······································179	make sure of ························ 69
itinerary·································161	manage to do ························ 67

J

jammed ·································177	management····················· 115
join ······································· 13	material·································· 55

K

keep up with ·························195	meal······································ 55
knowledge ·····························103	mean······································ 17

L

label······································ 45	meet ····································· 21
labor ····································· 47	merely ··································· 91
lack ······································ 23	message ································ 45
landscape ······························161	method··································161
lane······································117	minutes ·································173
last······································· 15	miss ····································· 75
lately ···································· 31	modern ································· 87
later on·································189	moreover······························· 97
latest ···································· 95	mutual··································· 93

N

launch ··································139	nearly ··································· 33
lawyer ··································101	neglect ································· 75
lay off···································125	neither A nor B ····················· 61
lazy ······································153	nervous ································157
leading ································· 27	next to ··································127
lean······································ 81	no later than························· 63
leave ···································· 17	no longer······························ 63
legal····································· 93	no wonder ···························· 71
	not only A but also B ············· 61
	note ······································ 17

notice	105
now that	195

O

objective	167
observe	181
occasion	109
occupation	171
occupy	23
offer	13
officer	179
on behalf of	61
on duty	189
on top of	61
one after another	69
operation	165
opportunity	161
opposite	157
option	171
order	21
ordinary	155
organization	169
other than	61
otherwise	97
out of order	133
outlet	173
outlook	165
output	119
overall	149
overtime	151
owe	147
owing to	187
own	13
owner	53

P

pack	141
package	41
parcel	117
park	121
participate	179
pass away	189
passenger	53
past	29
patent	167
patience	165
patronage	167
paycheck	57
payment	163
performance	59
period	43
permanent	157
permit	57
personnel	111
phase	171
pick up	71
plant	55
plenty of	65
point out	129
polite	25
position	59
post	141
postpone	79
potential	153
pour	145
practical	95
practice	161
precious	149
precise	87
predict	137
prefer	81
premises	183
premium	183
prepare	141
present	159
prestigious	155
prevent	75
previous	35

price	39
prior to	187
privilege	163
prize	49
probably	31
procedure	169
product	39
profit	47
progress	109
promise	21
promotion	51
promptly	155
proper	93
property	113
proposal	103
prospect	161
prosperous	177
prototype	175
proud	25
prove	85
provide	75
provided that	191
publish	179
punctual	89
purpose	171
put off	71
put on	195
put up with	185

Q
qualified	157
quality	163
quarter	49
quickly	31
quit	141
quote	173

R
range	45
rarely	31
rate	41
rather than	65
reach	21
realize	77
reason	41
reasonable	87
receipt	39
receive	17
recently	31
reception	181
receptionist	117
recipe	39
recognize	77
recommend	77
recover	137
reduce	137
refer to	123
reference	171
reflect	139
refrain	137
refreshment	119
refund	113
regardless of	133
region	169
register	77
regret	137
regular	27
relation	45
relatively	159
release	81
rely on	131
remain	23
remark	169
remind	79
reminder	183
remit	181
remove	141
renew	137

205

rent	41
replacement	177
request	19
require	21
research	107
reservation	107
respect	183
respondent	111
rest	53
result	85
retail	99
retire	57
revenue	115
review	175
rise	85
risk	41
room	47
routine	171
royalty	175
rumor	99
run	15
run out of	195
run short of	185

S

sales	41
satisfied	149
secretary	53
secure	89
seek	143
seem	85
senior	35
serial	159
serious	35
serve	19
set	17
settle down	187
share	143
shelf	47
shift	59
ship	137
show up	189
side by side	133
sightseeing	51
sign	143
signature	115
similar	35
sincere	95
site	109
slightly	155
so far	63
so that	191
solution	163
solve	21
sooner or later	69
souvenir	183
specific	87
specification	173
spend	13
stack	145
stairs	183
standard	101
statement	49
stationery	173
statistics	179
status	167
still	29
stock	39
stop by	131
store	147
strict	93
subject	169
submit	141
subordinate	173
substantial	157
such as	63
sum up	195

superior	153
supplier	177
supply	107
suspend	147

T

take advantage of	131
take off	131
take over	131
take part in	131
take place	71
term	109
terrible	29
thanks to	127
thoroughly	159
tight	95
timely	31
tip	53
totally	33
tour	99
trade	109
training	59
transaction	165
transportation	161
treat	81
trend	47
true	25
trust	39
try on	131
turn around	189
turn off	123
turn out	71
typical	97

U

unanimous	149
under way	123
unfortunately	159
union	111
up against	125
up to	133
upcoming	149
update	85
upgrade	141
urban	93
urgent	33
utensil	121
utilities	183

V

vacant	89
valuable	97
value	167
various	27
vehicle	119
venture	165
venue	171
view	47
vote	113

W

warranty	175
waste	113
wealthy	97
wear	15
welcome	15
whether A or B	61
whole	33
wipe	121
with regard to	127
work on	187
work out	69
workplace	113
workshop	57

●著者紹介

成重 寿 Narishige Hisashi
三重県出身。一橋大学社会学部卒。英語教育出版社、海外勤務の経験を生かして、TOEICを中心に幅広く執筆・編集活動を行っている。主要著書:『TOEIC® TEST英単語スピードマスター NEW EDITION』、『TOEIC® TEST英熟語スピードマスター』、『はじめて受けるTOEIC® TEST総合スピードマスター』、『TOEIC® TEST英文法スピードマスター』、『大切なことはすべて中学英語が教えてくれる 英単語編』(以上、Jリサーチ出版)など。

Vicki Glass ビッキー・グラス
アメリカ・カリフォルニア州バークレー出身。ライター・編集者・ナレーターとして多彩に活動している。東進ハイスクールのチーフ・イングリッシュエディターを務めるほか、CD、DVD、ラジオ・テレビ番組のナレーションを行う。主要著書:『TOEIC® TEST英熟語スピードマスター』、『はじめて受けるTOEIC® TEST総合スピードマスター』、『TOEIC® TEST 800点突破! リーディング問題集』、『新TOEIC® TESTリスニング問題集』(以上、Jリサーチ出版)など。

カバーデザイン	土岐晋二
本文デザイン／DTP	江口うり子（アレピエ）
校正協力	深瀬正子
ダウンロード音声制作	一般財団法人英語教育協議会（ELEC）
ナレーター	Jack Merluzzi
	Rachel Walzer
	横田砂選

TOEIC® TEST 英単語・熟語 TARGET 600

平成26年（2014年）9月10日　　初版第1刷発行
平成29年（2017年）6月10日　　　　第2刷発行

著　者	成重　寿／Vicki Glass
発行人	福田富与
発行所	有限会社　Jリサーチ出版
	〒166-0002 東京都杉並区高円寺北2-29-14-705
	電話 03(6808)8801(代)　FAX 03(5364)5310
	編集部 03(6808)8806
	http://www.jresearch.co.jp
印刷所	㈱シナノ パブリッシング プレス

ISBN978-4-86392-198-6　　禁無断転載。なお、乱丁・落丁はお取り替えいたします。
© 2014 Hisashi Narishige, Vicki Glass, All rights reserved.